Literary Forest

192

A CENTRAL EUROPEAN ODYSSEY

中歐文化漫遊

新経典文化

午夜降臨前抵達

劉子超

《午夜降臨前抵達》
路線圖
夏季路線
冬季路線
白俄羅斯
BELARUS
波蘭
POLAND
弗羅茨瓦夫
Wroclaw
拉格
ague
克拉科夫
Krakow
奧斯維辛
Auschwitz
捷克
CZECH REPUBLIC
奧洛穆次
Olomouc
布爾諾
Brno
扎科帕內
Zakopane
茲蒂爾
Zdiar
斯洛伐克
SLOVAK
波普拉德
Poprad
烏克蘭
UKRAINE
布拉提斯拉瓦
Bratislava
維也納
Vienna
布達佩斯
Budapest
埃格爾
Eger
地利
USTRIA
希歐福克
Siofok
匈牙利
HUNGARY
巴拉頓湖
Balaton
洛維尼亞
LOVENIA
佩奇
Pecs
比安納
ubljana
克羅埃西亞
CROATIA
羅馬尼亞
ROMANIA
波士尼亞與赫塞哥維納
BOSNIA AND
HERZEGOVINA
塞爾維亞
SERBIA
里亞海
ATIC SEA
蒙特內哥羅
MONTENEGRO
保加利亞
BULGARIA

北海
NORTH SEA
荷蘭
NETHERLANDS
萊茵河
Rhine
德國
GERMANY
德勒斯
Dresden
比利時
BELGIUM
盧森堡
LUXEMBOURG
多瑙河
Danube
薩爾茲堡
Salzburg
哈爾施塔特
Hallstatt
法國
FRANCE
瑞士
SWITZERLAND
列支敦士登
LIECHTENSTEIN
米蘭
Milan
的里雅斯特
Trieste
義大利
ITALY
摩納哥
MONACO
聖馬利諾
SAN MARINO
地中海
MEDITERRANEAN SEA
N
NE
E
SE
S
SW
W
NW

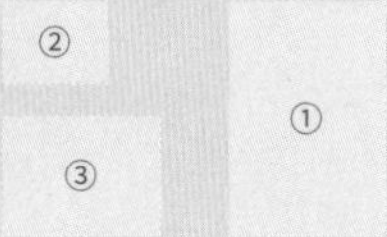

①克拉科夫（波蘭）
②柏林
③德勒斯登

眼前是高山草甸，遠方有牛在靜靜吃草，

草甸盡頭是綿延不絕的山峰。

和捷克相比，斯洛伐克似乎一直這樣與世無爭。

② ① ③

①茲蒂爾（斯洛伐克）
②布拉格
③奧斯維辛

② ①

①維也納
②因斯布魯克（奧地利）

② ①
③

①②布達佩斯
③佩奇（匈牙利）

眼前的一切像個懶洋洋的夢境，
不那麼真實。
布達佩斯宛如一幅油畫，
我在這幅畫裡感受城市的細節，
這是身為旅人的樂趣。

③ ① ②

①②③佩奇

匈牙利南部的城市佩奇，曾是羅馬帝國的邊疆，
距離布達佩斯兩百多公里，卻像是另一個世界。
夕陽下，城牆殘破不堪，有種被時間遺棄的美感。

STOP

② ①
④
⑤ ③

①埃格爾（匈牙利）
②③布爾諾
④聖沃爾夫岡湖
（奧地利）
⑤弗羅茨瓦夫
（波蘭）

的里雅斯特

奥匈帝國昔日的港口：的里雅斯特，

這座小城，匯集德意志、拉丁、斯拉夫文化等多種元素。

普魯斯特、里爾克、喬伊斯、佛洛伊德都曾駐留於此。

旅行中最大的困難不是抵達，而是如何抵達。
好在，我已經出發。

——劉子超

目次

【下部　冬】

序言

出發與抵達

《午夜降臨前抵達》記錄了我在歐洲大陸的兩次漫遊：「夏」以搭火車的方式，「冬」以自駕的方式。

其實去歐洲大陸的次數遠不只兩次。這三年來，總有各種機會讓我像舊地重遊的幽靈一樣回到中歐，這其中或許有什麼潛在的緣由，就像地心引力那樣存在。我想，除了這一地區本身的魅力，中歐對我的吸引還在於它始終生長在帝國和強權的夾縫中，執拗地保持著自己的獨特性。它至今仍有一種強烈的撕扯和游移感，而這讓三十歲的我感到了某種心靈上的契合。

並不是說我此前遭遇過多大的不幸，以致喪失了人生的意義。在我看來，隨著年紀漸長，盡可能有尊嚴地應付日常生活，已經是足夠有意義的事。或許正因如此，我才時常覺得，需要在這平庸的現實世界中找到一個「支點」——只有找到了這個「支點」，今後的生活才會獲得更有力的突破口。這恐怕也是我這一代人的共同感受。

作為一九八〇年後出生的一代，我們沒有經歷過飢餓和戰爭，也沒有過父輩那樣大起大落的人生。但我們經歷了人類歷史上變化最為迅猛的三十年，目睹了層出不窮的新事物，見證了一波又一波的時代浪潮。我們希望找到某種恆定的東西，然而無論是故鄉還是童年，熟悉的一切都已物是人非。

某種層面上，遙遠的中歐就像一個鏡像：它也在撕扯、游移、焦慮，卻依然保持了某種永恆不變的特質——有不安與刺痛，也有親切與安慰。這種特質並非顯而易見，而是需要旅行者耐心地觀看、傾聽。這大概也是我一次又一次回到中歐的原因。

當然，我也喜歡旅行者的身分。正是這一身分賦予了我既可置身其中，又可超然世外的特權。在旅行中，我收穫喜悅，卻不必害怕樂極生悲；我見證苦難，卻不必擔心承擔重負。沒人知道我是誰，而我可以成為任何人。這種自由自在的身分，若有若無的歸屬，大概正是如今最為稀缺的東西。

旅行之後寫下什麼，對我來說，就是那個獲得現實世界「支點」的過程。寫作時，我仍能聞到奧地利山間雪松林的松脂味，想起摩拉維亞啤酒爽朗的口感，看到自己駕駛的小汽車像玩具一樣漂浮在匈牙利大平原上。如果不能以寫作這一艱苦的方式對所見所聞、所思所想加以確認，我總害怕有一天記憶會像我曾經養過的那隻小貓，不辭而別。

很多年前，英國作家羅勃・拜倫被一張土庫曼高地的塞爾柱人墓塔的照片吸引，遠走中亞，寫出了非凡的《前往阿姆河之鄉》。他是一位紳士、學者和審美家。在奔赴西非的航船被魚雷擊中前，他已經遊歷了很多地方，寫出了幾本充滿可愛成見的著作。

曾是蘇富比最年輕董事的布魯斯．查特文在祖母的餐櫃裡發現了一小塊棕紅色的獸皮，開啟了他半生的放逐與寫作。從巴塔哥尼亞高原到捷克斯洛伐克，從澳洲土著到非洲政變，查特文的視野和經驗讓我深深著迷。

旅行寫作並不是一件輕而易舉的事。如果說世界是一座巨大的美術館，國家就是一幅幅畫卷。面對一幅畫，除了需要時間細細品味，也需要相應的知識。將在此基礎上形成的感受、理解，以生動、有趣的語言表達出來，更是需要高明的技巧。

遺憾的是，旅行文學很少被當作一種嚴肅寫作。很多人往往把它和流水帳、攻略混為一談。流水帳和攻略自有其價值，只是與旅行文學不同。在我看來，旅行文學應該有一種更為嚴肅而精緻的呈現——就像我們在毛姆、拜倫、查特文這些旅行作家的書中反覆讀到的那樣。

在西方，旅行文學的傳統已經持續了幾百年，而我們的「回望」似乎才剛剛開始。在這樣的全球化時代，旅行文學或許已不太可能承擔啟蒙的任務，但以文學的筆觸寫下旅程，以精緻的文字書寫異域，仍然自有其價值。我希望做的，就是量避免無知的傲慢和廉價的感動，以旁觀者的寬容和鑒賞者的謙遜，觀看眼前的世界。這或許就是旅行文學在今天仍然不失的意義。

日本藝術家村上隆在定義他的作品時說：「在理解精緻藝術跟低階藝術界限的前提下，刻意將低階藝術以精緻藝術來操作。」這本書便是安圖以文學的手段讓「廉價」的旅行寫作重新煥發光芒。

我不知道自己能否做到，也不確定如何抵達。就像我在本書中寫過的一句話：「旅行中最大的困難不是抵達，而是如何抵達。」這不僅適用於旅行寫作，也適用於生活中的諸多事情。

好在，我已經出發。

二〇一五年八月十五日
土耳其，安塔基亞

上部

夏

第一章

疆界的消失，德勒斯登大轟炸，老布拉格的幽靈

1

我離開柏林那天，下著小雨，天空陰沉得像一塊陳舊的大理石。風驅趕著路人的雨傘，像有隻看不見的手在擺弄街邊的花瓣。但很多人根本不用雨傘，他們在雨中渾然不覺，彷彿早已習慣了柏林不期而至的雨水。雨水淋濕了開往查理檢查站的旅遊巴士，淋濕了賓士公司的戶外廣告牌，也淋濕了施普林格先生的雕像。馬路上的汽車很少，經過地鐵口時，可以聽到列車尖銳的剎車聲，然後又轟隆隆地開走。

那天上午，我還坐在施普林格先生創辦的《圖片報》的大廈裡，凝望窗外。我的工作很簡單，把一篇臺灣網站上的文章翻譯成英文，那篇文章講的是如何用一盆水給iPhone充電。我談不上喜歡這份差事，所幸它將在中午結束。下午三點，我將搭乘歐洲巴士公司的

大巴前往布拉格。

我在柏林已經住了三個星期。第一個星期住在東柏林的一所公寓裡，第二個星期搬到了西柏林選帝侯大道附近的一家老式旅館。這家旅館曾是柏林一位時尚攝影師的私宅，二戰前是柏林文化人的聚會之所。旅館夾在寶格麗和卡地亞的店鋪之間，可房價卻和它的裝潢一樣還盡量維持著多年前的樣子：走廊兩側和二樓寬敞的客廳裡，懸掛著當年文人們留下的攝影和繪畫作品，高高的天花板，老式電梯，走廊拐角的穿衣鏡，踏上去吱吱作響的木地板，當然還有那套持續至今、連經理本人都為之感動的待客之道——每週二晚的爵士四重奏和免費提供的豐盛早餐。

每天早上，打著領結的服務生會把裝在小壺裡的咖啡放到你的桌上，然後你可以一邊喝咖啡一邊觀看餐廳牆上的照片或窗臺上的雕塑。

那樣的時刻總是很美好——柏林夏天的早晨，沒有什麼會讓你感到沮喪。當我即將離開時，我發現我最懷念的正是這樣閒散的時光。我不再喜歡在旅行指南上劃勾，像積攢郵票一樣積攢必去的景點。我希望可以在一個城市裡隨意漫步、坐下，像一個舊地重遊的幽靈。我知道，世界上再沒有什麼地方比歐洲大陸更適合幽靈遊蕩了。

我把翻譯好的文章發給同事，然後提著行李下樓，迎著清新的風穿越被雨水沖洗過的廣場，對面一個土耳其人站在雜貨鋪門口，望著雨中空蕩蕩的街道。我還有足夠的時間，所以拐進街角的一家義大利餐廳。木質桌子上擺著亮閃閃的餐具，窗玻璃在雨中顯得霧氣濛漾，一個漂亮的義大利女人獨自坐在桌邊喝著開胃酒。我在靠窗的長椅上坐下來，面對著義大利女人，侍者走過來問我要喝點什麼，我說要一大杯「柏林客」鮮啤。

啤酒十分冷冽，很好喝，杯身上是一層細密的水珠。我就著餐前麵包，慢慢地喝著。在柏林，幾乎每人都可以喝上幾升啤酒。在東柏林居住的那個星期，我幾乎在任何時間都能看到一個個拎著酒瓶的年輕人。他們在地鐵上喝，在餐桌上喝，在路邊長椅上喝，從早喝到晚。有軌電車轟鳴著駛過社會主義時期的建築。那些高大空曠的蘇式住宅，像一隻眼睛，凝望著東柏林的滾滾紅塵。

街邊是便宜的小餐廳，從土耳其烤肉到越南河粉應有盡有，牆上是隨處可見的塗鴉。二手服裝店、二手唱片店、二手書店，彷彿一切都開放在陳舊的花叢裡，而正是這些陳舊之物滋養著東柏林，她像一個毫不在乎自己容顏的女人，自由隨性。

每天晚上，我都去一家叫「A-Trane」的酒吧聽爵士現場。這裡是爵士音樂家的樂園。老闆本人是一位出色的鋼琴手，酒水的價格更是讓北京任何一家酒吧汗顏。我喜歡這家酒吧的名字。每當音樂在午夜響起，我都感到自己坐在一節火車的車廂裡，紛飛的音符就是窗外飛馳而逝的風景。

此刻，窗外下著雨。我一邊喝啤酒一邊吃海鮮義大利麵。爵士樂的最偉大之處在於即興，聽聽約翰．柯川，聽聽歐涅．柯曼，聽聽瑟隆尼斯．孟克，他們最精彩的唱片無一例外錄自現場。那些即興的片段才是爵士自由的靈魂，而這也應該是偉大的旅行所具備的特質。我不喜歡把每一段行程都安排得嚴絲合縫的旅行，沒有即興，沒有隨心所欲，沒有突發奇想，旅行更像是一種苦行。

注意到我的行李箱，正待得無聊的侍者突然問：「出去玩？」

「去捷克，」我說：「然後去波蘭、斯洛伐克。」

「一路向東？」

「可能。」

「好運！」

是的，好運，我坐在歐洲巴士公司的大巴上這樣想著。如今，唯一確定下來的只有這趟大巴，我將前往布拉格，再從布拉格北上波蘭，之後我希望能跨越高聳的塔特拉山，進入斯洛伐克。我不確定這之後要去那裡，也不確定將在每個地方逗留多久，更不清楚我能選用何種交通方式。在現實面前，任何精心的策劃總會顯得脆弱不堪，而最好的應對之策就是隨波逐流。我甚至感到一種隱隱的興奮，因為不確定性正是即興的旅行者所能得到的最好禮物。

我想起一年前，在印度的大吉嶺，我走在街上，突然發現自己丟了錢包。那天陽光明媚，人流洶湧的街道給人一種不真實感。我回到旅館，上網用Skype打電話掛失信用卡。窗外的喧囂有一種催眠的力量，陽光照耀著室內飛揚的塵土。我在心裡玩味著自己的處境並安慰自己：旅行者丟錢包就像浪漫主義作家得肺病一樣光榮。

我還能清楚地想起自己當時的心境。它彷彿一隻沉睡的小動物，被記憶的魔法召喚甦醒。只是因為時間的緣故，一切曾經的困苦，都染上了一絲脈脈溫情。就像這雨中的柏林，我幾乎是戀戀不捨地看著她離我越來越遠。

剛來柏林那天，正是柏林一年一度的同性戀大遊行。街上到處是盛裝的同性戀和異裝癖者，他們從城市的各個角落聚集到市中心：穿著蕾絲裙的男人，塗著黑眼影的男人，穿著丁字褲和高跟鞋的男人……和他們相比，那些只在鼻子和下巴上穿環的龐克青年，簡直只能算是普通青年。

地鐵上，我看到一個穿著藍色連衣裙的男孩坐在我對面描唇。他有蒼白的皮膚和淡黃色的頭髮，睫毛細長。他身上的那種中性氣質，讓我感到心慌。但為了一睹遊行的盛況，我還是跟隨他來到波茲坦廣場。廣場一片狼藉，彷彿剛經歷過一場戰爭。警車停靠在路邊，閃著燈，清潔車正從四面八方把廣場上的酒瓶、垃圾聚集到一起。天空陰沉蒼白，風捲來這天下午的第一批雨點。路邊，賣圖林根烤腸的臨時帳篷生意正旺，從遊行隊伍裡退下來的人，正等著烤腸熱狗和大塑膠杯裝的冰鎮啤酒。至少在波茲坦廣場，交通已經徹底癱瘓。我沿著混亂的街道走向布蘭登堡門。沿路的露天咖啡館裡，坐滿了表情如木乃伊的中產階級遊客，他們靜靜地喝著白葡萄酒，目不轉睛地注視著遊行的人群。或許，他們正在人群中尋找自己昔日的影子吧。

遊行的氣氛在布蘭登堡門到達了巔峰。重型花車上的音響讓所有人都停住腳步，隨之起舞。有人放起了煙火。冉冉而起的濃煙，模糊了布蘭登堡門上的雕塑，彷彿這些古代諸神剛經歷完神話裡的腥風血雨，終於殺回到了這個同性戀和異裝癖領導的世界。

一個國家的危機是一次機會，是給旅行者的一份大禮。

——保羅．索魯，《開往東方之星的幽靈列車》

但是待在這裡的時間越長，我就越感到自己的格格不入。我沿著菩提樹大街，走向亞歷山大廣場。平靜的林蔭大道有一種撫慰人心的力量。夜幕開始降臨，當我回望布蘭登堡門時，那些煙霧仍然像中國皮影一樣映在天際線上。

2

這是我第一次乘坐歐洲巴士公司的大巴，車上配有無線網絡，舒適度也遠超我的想像。我一邊看著窗外的風景，一邊喝著啤酒，很快就睡意朦朧。等我再次醒來時，大巴正穿行在德勒斯登空曠的街道上。街上無人，有軌電車被夕陽拉出長長的影子，可車上幾乎沒有乘客。這是我第二次來德勒斯登，第一次是來聽路．瑞德的演唱會。我還記得他站在易北河畔的露天舞臺上，唱著那首〈我在等我的男人〉（*I'm Waiting For My Man*）。我的周圍都是上了年紀、乳房下垂、挺著肚子的中年人。

當他們是年輕小姐和青年的時候，德勒斯登還屬於東德，而路．瑞德代表著對資本主義生活的想像。他們一定費了不少心思，才能聽到路．瑞德的唱片，因為德勒斯登地處易北河谷地，很難接收到西德的無線電訊號，被戲稱為「無能的山谷」。

大巴穿過連接新城和古城的易北河大橋，這是德勒斯登最美的地方。站在橋上，視野無比開闊，易北河緩緩流淌，老城的巴洛克建築群在夕陽下慘烈壯美，有一種讓人心碎的力量。曾經，這裡是撒克遜王國的首都，也是整個歐洲的文化中心之一。

透過車窗，我看到聖母教堂的尖頂，看到歌劇院外牆上繁複的雕刻。毫無疑問，它們代表著人類最美好的想像和祝福。然而我知道眼前的一切幾乎都是新的、重建的——二戰末期的盟軍大轟炸，將整座城市和它擁有的文明夷為平地。

我試圖想像上百架飛機壓過德勒斯登天際線的景象。它們扔下數千噸炸彈，在短短的一瞬間，將這座代表著德國巴洛克建築之最、曾經美得讓人驚嘆的城市，化為人間地獄。

> 德勒斯登成了一朵巨大的火花，一切有機物，一切能燃燒的東西都被大火吞沒；德勒斯登這時彷彿是一個月亮，除了礦物質外空空如也。
>
> ——寇特．馮內果，《第五號屠宰場》

我想像著希特勒在他最後日子裡的自白：「當我的人民在這些考驗下毀滅的時候，我不會為之流一滴眼淚，這是他們自己選擇的命運！」

德勒斯登大轟炸發生在一九四五年的情人節那天。當時盟軍已經開始反攻，蘇聯紅軍也從東面逼近德勒斯登。德勒斯登是歐洲的文化中心，重工業並不十分發達，一度被認為是安全之地。因此大部分的防空力量都被調往他處。據相關資料記載，德勒斯登僅剩的防空力量是「青少年高射砲民兵」。

當二百四十五架英國蚊式高速轟炸機和蘭開斯特重型轟炸機飛抵德勒斯登上空時，沒有人拉響防空警報。整座城市沉浸在一片慵懶的氣氛裡，連電影院也在照常營業。

炸彈從天而降，高溫形成的「火焰風暴」直沖雲天。一位參與轟炸的英國飛行員回憶：「當時的場景讓我完全震驚了，我們彷彿飛行在火的海洋上，熾熱的火焰透過濃濃的煙霧閃爍著死亡的光芒。一想到在這人間煉獄裡還有很多婦女和兒童，我就無法自制地對我的戰友們喊道：『我的上帝，這些可憐的人們！』我無法形容我當時的感覺，也無法為之辯護……」

轟炸一直持續到二月十五日，投擲的炸彈總數約有三千九百噸。邱吉爾在回憶錄中寫道：「如果我們走得太遠，是否也會成為禽獸？」

納粹政府承諾迅速採取報復行動，槍決俘虜的盟軍轟炸機飛行員——這意味著撕毀二戰中主要西方國家遵守的《日內瓦公約》。但最終，納粹政府決定採用輿論戰，將這次轟炸作為反對盟軍的宣傳工具。他們首先強調德勒斯登沒有軍事工業，繼而公佈了一份名為「德勒斯登——屠殺難民」的傳單，上面赫然印著兩名燒焦兒童的照片。戈培爾宣稱有二十萬平民死於轟炸——將死亡數字誇大了十倍。

儘管如此，德勒斯登大轟炸仍然算得上人類歷史上最慘痛的一幕。它不僅影響了中立國的態度，甚至讓很多人對盟國宣稱的「絕對道德優越感」產生懷疑。德國小說家鈞特・葛拉斯把德勒斯登大轟炸看成「戰爭罪行」，而在冷戰時期，蘇聯也有意將德勒斯登大轟炸當作宣傳工具，借此疏離東德人與西方國家的感情。

我第一次知道德勒斯登大轟炸是在美國黑色幽默作家馮內果的小說《第五號屠宰場》裡。當時，二十三歲的馮內果正被囚禁在德勒斯登的戰俘營裡。轟炸發生時，他躲進地下儲肉室，而頭上的城市化為廢墟，他成為七名倖存的美軍戰俘之一。後來，馮內果寫道：「我目睹過德勒斯登的毀滅。我見過這座城市先前的模樣，從空襲避難所出來以後，我又見識到了它被轟炸後的慘狀，我的反應之一當然是笑。上帝知道，這是靈魂在尋找寬慰。」

在《第五號屠宰場》裡，主人公在德勒斯登大轟炸中九死一生，之後他展開了一場自由穿梭時空的冒險之旅。在特拉法馬鐸星球，當地人告訴他，當你看到一具屍體的時候，你想到的只是這個人在此特定時刻正處於不良情況下，但他在其他許多時刻卻活得好好的。

「現在，當我自己聽說某人死了，我只不過聳聳肩，學著特拉法馬鐸的人對死人的語氣說：事情就是這樣。（So it goes.）」

3

德勒斯登距離捷克邊境只有三十公里，大巴很快便悄無聲息地駛入另一個國度。我一直在試圖尋找一個節點，一個標示疆界的節點，一個崗亭，一個檢查站，這樣我就可以順便滿足一下旅行者穿越邊境時常有的narcissism（自戀情結）了。然而一路暢通無阻，風景亦無令人警覺的變化，直到我的手機一震，收到一條類似「捷克歡迎您」的簡訊，我才明白我已經完成了蓄謀已久的邊境穿越，那種落寞感就如同小時候坐火車，一覺醒來被告知已經過了黃河大橋。

我曾閱讀過不少關於「民族國家」的論述。但或許直到那時，直到跨越邊境之時，我才意識到一種真正偉大的、野心勃勃的東西正在歐洲發生。當語言、文化可以自由流動，疆界就消失了。正是這樣的自由流動，讓疆界變得不再那麼重要，而當流動缺失時，疆界才會變成真正意義上的樊籬。在這個意義上，歐洲現在的圖景或許就是世界未來的圖景。

我掏出筆記本，想隨手記下些什麼，但隨即意識到應該停止這些嚴肅的胡思亂想，因為我想起一件更為嚴肅的事。

在柏林上車時，我買了三罐德國啤酒，現在還剩一罐，正孤零零地插在座椅前的尼龍網袋裡，而我既不想拎著它穿越布拉格的大街小巷，像個唐人街來的跑腿，也不想白白浪費它。我收起筆記本，拿出啤酒，一邊喝一邊慶幸在捷克也可以喝到好喝的比爾森啤酒——實際上，這種風靡世界的釀酒法正是在捷克的比爾森地區發明的。

這時，我的身後飄來一陣濃郁的帶著奶油味的蒜香。我回頭一看，是一對情侶，正在分食一塊蒜蓉麵包。我對大蒜絕無偏見，但是這種在車廂裡醞釀的、帶著一股暖烘烘味道的蒜香，配合著我嘴裡已經溫暾的啤酒，變成了一種極為令人崩潰的生化武器。我感到頭暈目眩，像一隻牡蠣一樣四肢無力。我閉上眼睛，聽著輪胎摩擦地面的沙沙聲。

「你還好嗎？」一個聲音問我。

我睜開眼，發現是我旁邊的那個胖胖的德國女子，她之前一直埋首於一本德語小說。

「我還好。」

「你臉色不太好。」

「是嗎？我知道。」

「你從哪兒來？」

「中國。」

「一個人？」

「對，妳呢？」

「我回家，我母親是捷克人，」她如釋重負地把書一闔，「快到了，快到布拉格了。」

「但願如此。」

終於，那塊蒜蓉麵包被消滅得差不多了，窗外的景色也漸漸從鄉村過渡到城市。當大巴駛進布拉格汽車站時，我感到能呼吸一點新鮮空氣是多麼美好！

天色已經有些昏暗，一群蝙蝠在車站的棚頂上空盤旋。我和德國女子女子道別，她問我怎麼走。我說我訂的旅館離車站大概兩公里遠，我打算步行過去。

4

我很享受第一次在一個陌生城市漫步的感覺，就像單身很久之後，和一個女子開始新的交往。此刻，在布拉格，晚風吹在身上，車上的不適感早已煙消雲散。

我喜歡布拉格，因為它到處保留著十九世紀的痕跡，就像史蒂芬・索德柏的電影《卡夫卡》裡的景象。一列火車呼嘯著從我頭頂的鐵橋上駛過，賽弗托瓦大街拐角的一棟樓房裡，五樓的一扇窗戶亮起了燈光。我突然想到，這裡就是捷克作家博胡米爾・赫拉巴爾曾經居住的地方——他就住在一所公寓的五樓。他還活著嗎？我是否應該去按響樓下的門鈴？然後就像伍迪・艾倫的《午夜巴黎》一樣穿越回過去？

我將看到雅洛斯拉夫・哈謝克趿拉著拖鞋，流連於布拉格一個又一個的小酒館。他隨手拿起練習本，趴在酒桌上寫起《好兵帥克》，只為了換幾個酒錢。

我將看到攝影家約瑟夫・蘇德克雜亂無章的工作室：「一張素描卷放在碟子旁邊，碟子裡是一瓶硝酸，一些麵包皮和咬了幾口的小香腸。在這些東西的上方，巴洛克天使的一隻翅膀和蘇德克的一頂無簷軟帽掛在一起。帽子已到了壽終正寢的邊緣，正瑟瑟戰慄。」然而，在這無與倫比的淩亂中，「他像管風琴手熟諳所有的琴鍵和踏板一樣，對他的這些破爛都瞭如指掌。他需要什麼，不假思索便能伸手拿到。」

我也許還將聽到，在最後的日子裡，捷克詩人、諾貝爾文學獎得主雅羅斯拉夫．塞佛特傷感地自白：「我的時間也快要到了。然而，我心裡卻有一個荒唐的、無法實現的願望：我希望能活到下個世紀。至少在下個世紀活那麼一、兩天，至少三天吧，看一眼將來的好日子。我們這個世紀怎麼看都像屠宰場屠夫手裡的抹布，不時有又濃又黑的血水在流淌。」塞佛特生於一九〇一年，幾乎與二十世紀同齡。

我凝視著那被橘黃色燈光點亮的窗戶，我知道赫拉巴爾、卡夫卡、哈謝克、揚．聶魯達都已經離開人世，但我相信，這座古老的城市一定還保留著對他們一生的記憶。他們都是這座城市不朽的幽靈，是遍佈在布拉格無數幽靈中的佼佼者。

幽靈是不會死亡的，有時候，他們會回到從前的街區，在路邊的啤酒館叫上一杯比爾森啤酒，然後注視著窗前的燈火。

這些灰白色的樓房已經被暮色調暗，人們紛紛回家，遍佈城市的小酒館裡開始聚集起一些忠實的酒客。我拖著行李，上坡下坡，看著那些九〇年代產的轎車搖搖晃晃地駛過，紅色的尾燈在轉角處驟然消失。

揚・聶魯達還不斷地回到那裡去。啊，不！聶魯達從來沒有離開過那裡。你可以到處遇見他，在每一個角落遇見他。無論是在春天還是在寒冬，在炎夏，還是在令人悵然若失的城市的秋天。

——雅羅斯拉夫・塞佛特，《世界美如斯》

第二天清晨，我恣意漫步在布拉格。我沿著賽弗托瓦大街走向老城，經過市政廳，穿過老城廣場，遊客彷彿從次元空間裡生長出來，驟然增多。

和任何偉大的城市一樣，布拉格如今面臨的最大挑戰就是如何在遊客的肆虐中保持優雅。早在蘇聯時代，這裡就是東德人民組團前來抒發懷古幽情的勝地，如今更是全世界人民的寵兒。她有和巴黎一樣完美的建築，物價卻比巴黎親民；她有迷人的咖啡館和小酒館文化；她還是一個適合散步的城市。

在布拉格無數的遊蕩者中，卡夫卡無疑是其中最著名的一個。他喜歡漫步在午夜的布拉格構思故事，一旦成形，就折回自己的小屋奮筆疾書。我試圖在布拉格尋找卡夫卡的幽靈：他經常光顧的 Café Louvre，如今依然生意興隆；他曾經任職的保險公司的大樓仍然巍然屹立；還有他常去看電影的盧塞爾納影院——要知道它的設計者正是捷克前總統瓦茨拉夫・哈維爾的祖父。

在布拉格，卡夫卡隨處可見：他的像章，他的T恤，他的明信片，他的紀念品，他寫的書，寫他的書。就像切．格瓦拉一樣，卡夫卡已經成為商業主義青睞的符號。卡夫卡是布拉格的一筆財富，他回饋這座城市，正如同這座城市曾給予他靈感。他們糾纏一處，難解難分。卡夫卡曾寫道：「布拉格永遠不會放你走，這個可愛的小母親有雙尖利的爪子。」

但是一個古老的城市究竟該朝商業主義走多遠？這幾乎是一個無法迴避的問題。更何況布拉格曾經是社會主義陣營中的一員，政局變動後，她亟須重新找到自己的位置。

如今，這裡的高檔酒店隨處可見，即便在老城廣場，在中世紀的古老建築下，也都是提供國際化飲食的餐廳。遊客們可以在燭臺下喝葡萄酒，吃牛排和義大利麵，也可以要上一杯清酒，品嚐從千里之外運來的新鮮刺身。無一例外，這些餐廳都提供四、五種語言的菜單。

然而，當法國的路易威登提出租賃查理大橋，作為波希米亞古董車巡展場地時，布拉格人抗議了。

除了布拉格，巡展城市還包括布達佩斯和維也納。路易威登的計畫是，酒會當晚封閉查理大橋，邀請各界名流出席派對，瑪丹娜也將在橋上獻唱。

我站在查理大橋上，想起這個曾經看到的新聞。查理大橋是伏爾塔瓦河上修建的第一座橋樑，是布拉格人的驕傲。據說，在它六百六十多年的歷史中，只有兩次封橋紀錄。第一次是一九四二年，納粹德國下令封橋，緝捕暗殺黨衛軍的捷克斯洛伐克抵抗組織成員；

另一次則是一九六八年，蘇聯軍隊開著坦克駛入布拉格，封鎖了大橋，鎮壓了捷克人民的「布拉格之春」運動。對於布拉格人來說，兩次封橋的肇事者無疑都是他們的敵人。

「他們想把布拉格的象徵當作文化妓女出售嗎？」布拉格人大聲抗議。

廣播電臺的記者也上街採訪民眾，讓商業資本傾聽人民的呼聲。

「查理大橋屬於人民，屬於我們所有人。」

「封閉查理大橋？它可是國家的象徵。應該對所有民眾和遊客開放。」

路易威登公司沒有想到會遭到布拉格人如此強烈的抗議。他們大概並不知道捷克人民一直就以傑出的公民意識著稱。正是這些人在一九八九年推翻了由蘇聯扶植的政府，成立了民選政府。由於整個過程都在和平中進行，史稱「天鵝絨革命」。

據報導，一九八九年十一月二十五日，有七十五萬人，約半數以上的布拉格人聆聽了異見領袖哈維爾的演講。十五天後，人民的意志獲得了勝利。

二〇一一年冬天，當哈維爾在家鄉去世的消息傳來時，無數布拉格民眾自發前往瓦茨拉夫廣場，悼念這位自由主義者。他們感謝哈維爾，因為他告訴了所有人如何在威權體制下做人。他身體力行，不惜以一次次地坐牢來實踐自己的理想。他選擇成為捷克歷史上第一位真正意義上的「公民」，歷史也選擇了他。

5

傍晚時分，我走在老城廣場上，馬車嘚嘚駛過，一切恍若過往。很多人席地而坐，沉浸在老布拉格的夜色中，更多的人坐在周邊的餐廳裡，享受著紅酒與燭光晚餐。為了向布拉格人民致敬，我決定找到一家只有本地人光顧的小酒館，像一個真正的布拉格人那樣吃喝。在那些坐滿遊客的館子裡，我只會感到深深的寂寞——它們適合情侶，而不適合幽靈。

我穿梭在老城的小巷裡，尋找我心目中的館子，終於在老城與新城交界的一條巷子裡，發現了一家燈火通明、半地下的小酒館，裡面烏煙瘴氣，坐滿了喝啤酒的本地人。侍者光頭，身材高大，繫著圍裙，不會講英語，而菜單也沒有英文，不過我早在本子上記了一些捷克佳餚的名字，如今就按圖索驥。我點了烤牛肉配酸奶油醬和蔓越莓，一大杯布拉格老泉啤酒。

啤酒是剛從大啤酒桶裡打出來的，而烤牛肉配上酸奶油醬很鮮美。已經晚上十點了，周圍的人都在喝啤酒，電視正有一搭無一搭地播放著奧運女籃比賽，捷克語像一種晦暗不明的背景音。捷克的啤酒很便宜，十元人民幣就能喝到半升的新鮮生啤。我又要了一杯，一口氣喝下半杯，終於感到一種久違的歸屬感：這家暖洋洋的小酒館，正屬於那些天黑以後也不願回家的幽靈。

進來一位肥胖的捷克大叔，戴著禮帽，穿著西褲，手插在屁股口袋裡，因為太胖，看上去卻像插在褲子側邊口袋裡。他摘下禮帽，掛在衣帽架上，一縷稀疏的長髮服貼地趴在額前。他在吧檯前要了一大杯啤酒，站在那兒一飲而盡，然後拿起禮帽，手插口袋，飄然而去。

沒錯，一個老布拉格的幽靈！

這時，酒館裡進來一個有些禿頭的中年男人，偕同兩位穿著熱褲和吊帶的捷克女子。兩位女子漂亮異常，一個短髮，一個長髮，都是二十歲左右的樣子。因為沒有單獨的空桌，他們就和我併桌坐在了一起。顯然，他們是這裡的常客，中年男人和侍者開著玩笑，兩人大笑起來。過了一會兒，侍者端上來三杯啤酒，他們一邊說笑著一邊喝。

短髮女戴著矯正牙齒的牙箍，她拿出菸來抽，長髮女也從菸盒裡抽出一支點燃。男人抽著菸坐在她們中間，不時笑咪咪地和兩個女子碰杯。他們說著捷克語，我聽不懂，但看上去他們的關係格外親密。長髮女熟練地吐了口煙，在中年男人耳邊說了句什麼，中年男人就哈哈大笑起來，然後在長髮女的臉蛋上親了一口。

我小口呷著啤酒，猜測著他們之間的關係。這時一個酷似珍．茜寶的女人從外面走了進來，她彎下腰和三個人親吻，然後也在桌邊坐下。她從自己的包裡拿出菸來，一時間四個人都在吞雲吐霧，只有我如墜雲霧。

於是，我從大衛杜夫的菸盒裡抽出一支已經壓得有點走形的香菸，把它捏直，叼在嘴裡，然後故意四下尋找打火機。

「你可以用我的。」短髮女用英語說。

我謝了她。「現在我們算平等了，」我說：「每個人一杯啤酒，一支菸。」

三個女子笑起來，中年男人則瞇縫著眼睛。長髮女把我的話用捷克語重複了一遍，他若有所思地聽著，然後拿起酒杯對我說：「來，朋友，喝酒！」

我和中年男人乾杯，我和三個女子乾杯，他們咕嚕咕嚕一下就喝下去兩大口，我也跟他們一樣。

「不錯？」中年男人大聲問我。

「非常不錯！世界上最好的啤酒！」

「沒錯，我也這麼認為！」中年男人頗有共鳴地說：「你從哪裡來，朋友？」

我簡單告訴他們我的身分，我說想來寫布拉格——這座城市，這裡的人，這裡的酒館……

「好題目！」中年男人總結道。

「在布拉格，人們晚上都來小酒館喝幾杯，這是捷克的文化。」短髮女告訴我。

她的英語說得非常流利，說話的時候眼睛看著你，有那種小女孩和大人說話時一本正經的神氣。

「妳的英語不錯。」

「我在倫敦待過一些日子——多久來著？」她眨著眼睛算，「兩年零十個月，天，將近三年！我根本沒想過我會待那麼久。」

我問他們叫什麼名字。短髮女告訴我，她叫多米尼卡，長得像珍・茜寶的女人叫愛麗斯卡，長髮女叫安娜。

「那這位是？」我用手一指中年男人。

「父親。」中年男人帶著一種陳述事實的口吻說。

「他是我們的父親米洛斯拉夫，」多米尼卡說：「我們是三姐妹。」

多米尼卡告訴我，她們的母親晚上去和朋友開派對了，留下可憐的米洛斯拉夫一人在家，於是米洛斯拉夫決定帶三個女兒一起來小酒館喝上幾杯。我有些震驚。我固然震驚於做父親的可以帶著三個女兒來酒吧抽菸喝酒，隨便開著玩笑，更震驚於留著兩撇鬍子、已經有些禿頭的米洛斯拉夫竟然有三個如此如花似玉的女兒。

「你喜歡音樂嗎？」米洛斯拉夫突然問我。

我不知道他所問何意，難道這裡也有K歌的地方，他要拉我一起去？

我說：「我喜歡音樂。」

米洛斯拉夫很高興地喝了一大口啤酒。多米尼卡說，她們的父親過去是布拉格一個重金屬樂隊的吉他手。米洛斯拉夫做著瘋狂掃弦的動作，我們都笑起來。

我敬給米洛斯拉夫一支香菸，他喝得臉色微紅，操著破碎的英語想表達什麼，可惜我一句都沒聽懂。

多米尼卡說，她的父親年輕時一直想移民澳大利亞。他痛恨蘇聯，所以拒絕學習俄語，可是當局也不准他學習英語，這就是他英語說不好的原因。正當他琢磨著移民的時候，他遇到了一個女人，也就是她們的母親。米洛斯拉夫結了婚，生下三個女兒，而移民的夢想也終於成為泡影。

「他現在每天早上九點開始喝酒，一醉了就跟人說他年輕那會兒要是去了澳大利亞該多好，」多米尼卡望著她的父親，目光中帶著調侃和垂憐，「和他一起搞樂隊的人都移民去了澳大利亞，其中一個擁有一大片農場。」

多米尼卡把最後這句話飛快地用捷克語重複了一遍。米洛斯拉夫把菸屁股狠狠地摁死在菸灰缸裡，用手比畫著：「這麼大，這麼大的農場！」

> 布拉格的市民不是以刀劍，而是用玩笑給他們所鄙視的統治者致命一擊。然而，這種奇特的、不動感情的鬥爭方式深處卻有著驚人的激情。
>
> ——伊萬．克利馬，《布拉格精神》

我們都微笑著，只有米洛斯拉夫一臉悲傷。

我拿起酒杯，建議為米洛斯拉夫的健康乾杯，我們「叮叮咚咚」地碰著杯。我對米洛斯拉夫說：「移民澳大利亞的朋友也一定很羨慕你，羨慕你有三個這麼漂亮的女兒。」

米洛斯拉夫看了看手中的啤酒，又看了看三個女兒，說：「有最好的啤酒，有漂亮的女兒，也不壞！」

外面，路燈褐色的光線跳躍著，一輛電車叮鈴鈴地駛過。小酒館裡人滿為患，一到夜晚，這些人就躲進這裡，日復一日，伴著啤酒，看著時光流逝，彷彿在等待什麼。毫無疑問，他們都是布拉格的幽靈，如果這顆行星上沒有小酒館，他們將無家可歸，而我也一樣。可這又是多麼美好！能和米洛斯拉夫、多米尼卡、愛麗斯卡、安娜坐在一起，坐在布拉格的小酒館裡，成為這個城市的一部分。

多米尼卡告訴我，她之前在倫敦打工，超市的收銀員，她辛辛苦苦地攢錢，在二十三歲生日那天，給自己買了一條項鍊和一支iPhone手機。可是沒幾天，在下班回家的路上，她被一夥兒歹徒打劫了，身上的財物，包括新買的項鍊和手機全被洗劫一空。她傷心地哭了一晚上，然後決定離開倫敦，離開這座永遠不會屬於她的城市。她回到布拉格，在郊區的一家肯德基當大堂經理，每天坐電車通勤。她最小的妹妹安娜剛從護士學校畢業，現在也在那家肯德基打工。愛麗斯卡則在學習德語，準備去德國碰碰運氣。

相遇只是結束，而開始
是星星熄滅成一大袋馬鈴薯
當行道樹趁機墮落成灰色的棉花糖
老布拉格就把自己點亮了

我看到三姐妹坐著電車
風馳電掣在銀河般的街道上

所有的小酒館都戴上了新帽子
窗口像巨大的菸斗
吞吐夜晚喝醉的甲蟲
沒人注意天空，已經腫脹成一塊馬蹄鐵

在離月亮最近的桌旁，三姐妹喝著啤酒
伏爾塔瓦河從她們的白手套上流過
一些螢火蟲閃耀著採集祕密
一些嘆息聲像來自宇宙深處的黑洞
玫瑰花開了，在花芯的臥室裡
荷爾蒙正狠命搖動一棵秋天的蘋果樹
我知道，就像一個作家應當知道
時間是真實的夢境，而愛情是夢中不真實的鏡子
快樂是鏡中沙灘上的舊夾克，傾聽大海的轟鳴

爵士樂結束時，杯底像乾涸的河床
我看到三姐妹乘車離去
城市折疊著街道，櫥窗也睜不開眼睛
電車像一只紅色熨斗
熨在午夜告別的綢緞上

——〈布拉格三姐妹〉

「你要是寫布拉格的話，一定要寫寫米洛斯拉夫。」臨走前，米洛斯拉夫醉醺醺地對我說：「你就寫，米洛斯拉夫有三個漂亮的女兒，他幸福地生活在布拉格。」

我告訴他，我一定會這樣寫。

現在，米洛斯拉夫，我寫下了這句話。我希望你和多米尼卡、愛麗斯卡、安娜能繼續幸福地生活。

——在布拉格，或者在別處。

第二章

火車情結，橫穿波希米亞，死亡賦格

1

在德國時，我買過一張德鐵通票。這是一種專門針對非歐盟地區旅行者的火車票。它允許你在一個月內任意搭乘德國境內的火車。這張票上全是德文，在一些「文明的緩衝地帶」就容易出現混亂。

記得有一次，我從德國邊境城市特里爾乘德鐵去盧森堡，說法語的列車員一臉狐疑地看著我的票，最後決定收取車費。可當我從盧森堡返回特里爾時，另一位狐疑的列車員則大手一揮：「Vous n’avez pas à acheter un billet.（你不用買票。）」

直到現在我也沒弄清楚，如果有通票的話，特里爾和盧森堡之間是否還需要買票。但我確切地知道，從德國去奧地利的薩爾茲堡不用買票，而去因斯布魯克需要買票。奧地利列車員對這類事情可比盧森堡列車員精通得多。

「這裡是奧地利，你需要補票。」一胖胖的奧地利列車員對我說。此時，火車正穿越一座座山脈，大片的松林和山谷裡的城鎮在窗外飛馳。霧從松林間升起，像一條白色的腰帶，鬆垮垮地掛在山間，讓人想到中國山水畫裡的風景。

我熱愛乘火車旅行，因為它總能以最小的風險，提供最多的可能。對我來說，火車不僅是一種交通工具，它更是一個場所，是出發和抵達城市的一部分。你盡可以通過一趟火車之旅想像兩座城市，就像科學家能透過一塊恐龍化石還原侏羅紀時代一樣。

中學時，我家附近不遠處就是北京北站。每次聽到火車尖銳的哨聲，我都希望自己能跳上那列火車，風雨兼程地遠離自己熟悉的一切。火車並不出發，它們啟程：它們以自己特有的節奏夯實風景，讓被穿越的大地顯得更加壯麗、宏大。

約翰·柯川有一張著名的唱片《藍色列車》（*Blue Train*）。一輛行駛在空濛夜色中的火車，總是令人充滿遐想。美好的爵士時代也是火車時代：作家和音樂家乘著火車旅行，由此催生了大量的音樂和文學作品。

長久以來，我對火車的熱情絲毫未減，這多半源於喬治·西默農的一本小說《看火車的男人》。我是在一家舊書店買到的這本書，它講述一個叫蓬皮加的男人決定放棄原本安分守己的人生，成為另一個人。他搭上充滿懷舊感的火車，出發尋找他渴望已久的女人——過去老闆的情婦。然而，在老闆的情婦面前，他所期待的愛情並未到來，迎接他的是女人不可抑止的嘲笑。這輕蔑的笑，讓蓬皮加順手解決了她。

他開始一次次地坐上火車，讓火車帶他前往新的地方，遇見新的女人。他喜歡看火車離去，就像載著希望開始一段新的生活。他要和過去決裂，不與現實妥協，哪怕幸福從此毀於一旦也心甘情願，因為他早已不在乎。

這本書或許代表了火車寫作的極限，我至今仍然對其中一段話記憶猶新：

> 比如說，火車情結。他早已過了男孩兒那種幼稚地迷戀蒸汽車頭的階段，但是火車，尤其是過夜火車，仍然對他有一種致命的吸引：它們總會把一些詭昧不清的念頭送進他的心裡。

傍晚時分，當我從布拉格踏上去往克拉科夫的過夜火車EX403 Silesia時，我確有一些詭昧不清的念頭：那是一種假期即將終結的感覺，而實際上我的假期才剛剛開始。

此時，布拉格車站沐浴在一片耀眼的陽光中，候車大廳裡瀰漫著嘈雜的聲音，彷彿年久失修的舞臺佈景。它對面的街上停著一輛白色加長版凱迪拉克，車身上有一排誘人的裸女——那是一家脫衣舞夜總會的流動廣告。

車廂裡有些悶熱，我和一個英國人拚命地搧著帽子。英國人五十多歲，是牛津一家畫廊的油畫修復師。他旁邊是一位黑人女子，穿著尖頭蛇皮涼鞋，寬厚的腳板像船槳，露出腳後跟上一層厚厚的白繭。她是個豐滿的女人，豐滿體現在身體的每一個細節上，那對巨大的胸脯在襯衫下起起伏伏，沉重的金耳環隨之熠熠放光。

她對面是一個頭髮捲曲如泡麵的印度青年，正用筆記型電腦看槍戰片。因為戴著巨大的耳罩式耳機，頗顯出一副與世無爭的樣子。

在門口相對而坐的是一對說捷克語的情侶，穿著品質不太好的套頭衫，一個紅色，一個藍色，胸前都印著四個黑色大字：中國黃山。女人梳著馬尾辮，男人頭上架著墨鏡，整個車廂裡只有他倆在說話。男人解釋著什麼，女人則臉望窗外，不時聳聳肩，然後兩人都沉默下來。過了一會兒，男人摘下墨鏡，頭枕靠背，發出了輕微的鼾聲。

火車開動以後，英國人迫不及待地站在窗口吹風。他長著灰白的波浪形鬈髮，高高的鼻樑，一對愛爾蘭人的纖薄嘴唇，眼窩深陷，講起話來牛津腔很重。我們一搭上話，他就滔滔不絕地講起來。開始是關於中國在奧運會上的表現，然後我問了一些油畫修復的問題。

「當然，我會修復一些珍品，但大部分是贗品，比如魯本斯或者康斯特勃的仿製品，人人都喜歡那些風景畫。」

「那你是不是需要瞭解每位畫家的特點？」

「這是必須的，對每個人瞭如指掌。」英國人說：「我對中國的瓷器也有些瞭解。」

「哦？你會修復瓷器嗎？」

「要先看看是什麼樣的瓷器，宋代的、元代的……」

「可能是元代的青花瓷。有一次我去東海的一個小島，當地漁民發現了一艘沉船，上面有很多瓷器……」

「哦？」

「一些碎片，那片海域在過去是海上絲綢之路……」

我們完全不著邊際地交談著，捷克情侶已經分別爬上了最上面的鋪位，呼呼大睡；印度青年仍然在看電影，連姿勢都沒有變化；黑人女子脫了鞋，把一雙大腳搭在對面無人的鋪位上，用一雙金魚眼憂鬱地望著窗外。

英國人拿出兩瓶啤酒，我們一起喝起來。夜風透過窗縫劇烈地吹打著他的頭髮，他把窗戶關上了一點，這樣窗玻璃上就反射出了他的臉。在走廊閃爍的白熾燈下，那臉蒼白、消瘦，像一張幽靈的面孔，而我對著窗玻璃看了看自己，也好不到哪裡去。

窗外，火車正穿越一望無際的波希米亞平原，但天黑乎乎的，只能勉強看到一些景物的輪廓。我想到村上春樹在《1Q84》開篇就提到的那首古典音樂——捷克作曲家楊納傑克的《小交響曲》，村上形容那是一陣「波希米亞平原悠緩的風」。

楊納傑克創作這支小型交響樂的時間是一九二六年。村上寫道，開篇的主題是為某次運動會譜寫的開場鼓號曲。那時，人們剛從第一次世界大戰的陰霾中走出來，哈布斯堡王朝的統治也已經分崩離析。在短暫的和平年代，人們在咖啡館裡談笑風生，暢飲著比爾森啤酒。誰也不曾料到，過不了多久，希特勒就會從某個角落躥出來，發動另一場毀滅一切的戰爭。

歷史向人類昭示的最重要的命題，也許就是「當時，誰也不知道將來會發生什麼」。青豆一面聆聽音樂，一面想像拂過波希米亞平原的悠緩的風，反覆想著歷史應有的形態。

——村上春樹，《1Q84》

火車不時停靠一些車站，一些人扛著行李包上來，那是些回家的人。站臺上的大多數人則茫然地望著我們的火車，他們正懷著偉大的夢想，等待西去的離開家鄉的火車。對於波希米亞來說，向東代表著貧窮、失敗，而向西才代表著前途和未來。

吉普賽人扛著行李從我們身邊走過。他們看著我和英國人，像在打量外星球飛來的生物。車站的燈光疏疏落落，不甚明亮。播音器裡大聲播送著列車訊息，空曠地迴盪著，給人一種戰前兵荒馬亂的緊張。車站一角矗立著一座穀倉似的混凝土建築，光禿禿的水泥地凹凸不平。剛下過雨，到處都汪著水。這是不是傳說中的「波希米亞情調」？

我看著這些站臺上的人，抱著孩子的女人，抽著菸的男人，他們仍然和他們的祖先一般，居無定所。他們被法國人稱為「波希米亞人」，被俄羅斯人稱為「茨岡人」，被英國人稱為「吉普賽人」。法國人認為他們是從波希米亞地區過來的人。在法國人的世界觀裡，巴黎以外的地方就是農村，波希米亞更是荒蠻之地。由於海上貿易繁盛，見多識廣的英國人想當然地認為吉普賽人來自埃及，所以埃及人的稱呼與吉普賽人也很接近。近代史上，因為大英帝國的強大，「吉普賽人」這一稱呼逐漸普及，得到了大多數國家的認可。

直到十八世紀八〇年代，兩位德國語言學家魯迪格和格拉斯曼，以及英國學者雅各布・布賴恩，才通過對吉普賽方言的研究，各自幾乎同時期考證出歐洲吉普賽人的來源。他們發現，吉普賽語來自印度，其中很多詞彙與印度的梵文極為相似，與印地語也十分接近。他們因此得出結論：吉普賽人的發源地既不是埃及，也不是波希米亞、希臘，而是印度！

吉普賽人確實與我所見的印度人有幾分神似：隨遇而安，喜歡遊蕩。在北印度時，我也的確看到了很多以玩蛇、吐火為業的吉普賽人。吉普賽人從印度遊蕩到歐洲，如同雅利安人從歐洲遊蕩到印度。

世界的歷史就是一部遊蕩的歷史。然而在沒有火車、沒有汽車、沒有飛機的時代，他們是怎麼跨越整個歐亞大陸的？

或許正因為沒有這些交通工具，他們一旦完成了漫長的遊蕩之旅，也就喪失了重返故土的勇氣，只好定居當地，於是印度人成了吉普賽人，雅利安人成了印度人？

因為疲勞和酒精，英國人像隻老鼠一樣兩眼通紅。他搖晃著走回車廂。此時車廂裡一片黑暗，黑人女子、印度人（或者吉普賽人？）都已經銷聲匿跡，只有鋪位上傳來陣陣鼾聲。

這鼾聲讓我感到飢餓。我攔住列車員，問他有沒有餐車。

「什麼都有！」他朝我遞了個眼色，是那種暗示小費的眼色。

我口袋裡還有一些捷克克朗，我打算在它們變成紀念幣前，把它們花掉。我問列車員煎蛋捲多少錢？

他伸出五根粗短的指頭，「五歐。」

「可以用克朗付嗎？」

「不行，這是國際列車。」

「你是波蘭人嗎？」

「是的，先生。」

——這解釋了他為什麼想要歐元而不是克朗。我告訴他來一份煎蛋捲。

「再來瓶伏特加？」

「不了，謝謝。」

他轉身離去，消失在波希米亞平原深處，而火車正像一把利刃穿透黑色的大地。

任何平靜的現在都有一段坎坷紛亂的過去。

——麥可・翁達傑，《遙望》

波希米亞平原地形起伏，三面被森林與山巒環抱，西北部的易北河河谷直通德國的心臟。自古以來，這裡就是日耳曼人和斯拉夫人的競技場。

十五世紀早期，捷克民族領袖和宗教改革家揚．胡斯引爆了一場反對羅馬天主教會的運動。就像一百年後德國的馬丁．路德那樣，揚．胡斯成為捷克民族的語言與文學之父，促進了捷克民族意識的覺醒。正如英國史學家艾倫．帕爾默所說，雖然捷克對西方文明有著很強的接受能力，但在文化上卻始終向著與他們同屬一族的斯拉夫東方尋求力量。

然而，波希米亞的戰略地位，注定會將捷克人捲入一次次東西方的動亂中。因為波希米亞地區的主要城市布拉格，幾乎就處在維也納與柏林的正中，俾斯麥就曾堅定地宣稱：「誰是波希米亞的主人，誰就是歐洲的主人。」

——歷史已經反覆向捷克人證明這位鐵血宰相的話中之意。

最近的例證莫過於波希米亞的外緣地帶（即蘇臺德地區）。這裡的居民始終以德意志農民為主，但是二戰以後，捷克當局將二百五十萬德國人——包括曾對抗納粹的反法西斯主義者——驅逐出境，並沒收了他們的財產。許多人被扣留在集中營，數萬人傷亡。雖然捷克與德國在一九九七年簽署了互相諒解的聲明，但很多蘇臺德地區的德國人，仍然在為失去的土地和房屋而努力尋求賠償。

列車員端著一個盤子出現在我的面前，可盤子裡的煎蛋捲已經涼透了，彷彿它是歷經千山萬水，才奮力跋涉到我面前的。我只好感激地掏出五歐元和五十分小費，塞進列車員油膩膩的手心裡。

「Bon appétit!（祝您好胃口！）」他拋出一記法語，彷彿為了使我確信，這毫無疑問是一列國際火車。

2

在夜行火車上，我總會有一種幽靈的感覺，尤其是當我知道火車將在黎明時分經過奧斯維辛時，這種感覺就更強烈了。

「死者不會待在他們埋葬的地方。」約翰．伯格在《我們在此相遇》中說。他的啟蒙導師肯生長於新西蘭，也在那裡死去，但在死後，他又出現在波蘭的克拉科夫——我在清晨時分即將抵達的城市。

我穿越時空問老伯格：「為什麼是克拉科夫？」

伯格說：「年輕人，這世上還有哪個國家比波蘭更習慣與憂傷這種情感妥協共處呢？」是肯讓伯格最終認識到，需要以一種不無憂傷、不無幽默的方式對待人生的苦難，無論這種方式最終是妥協還是堅持——這是肯對伯格最初的啟蒙。

第一次遇見他的時候，我十一歲，他四十歲。在接下來的六到七年裡，他是我生命中最具影響力的人。和他在一起，我學會了跨越邊界。法文中有一個詞叫 passeur，通常譯為「擺渡人」或「走私者」。不過這個詞也隱含有「嚮導」的意思，山的嚮導。他就是我的passeur。

——約翰·伯格，《我們在此相遇》

如今，我回想著我是如何穿越被雨水淋濕的平原，在清晨抵達克拉科夫中央火車站的。那天早上，天氣晴朗，空氣清新濕潤。儘管在我的旅行經驗裡，對城市的印象普遍不好，但克拉科夫卻讓人感到相當宜居。雖然是波蘭第二大城市，但相比於華沙，克拉科夫還保留著一個小城市的情懷。實際上，全波蘭唯有這座城市，在經歷二戰砲火的劫難之後，仍然較好地保存了大多數建築。

我住在一棟民宿裡，用伯格的話說，這裡有一種類似修道院的感覺。兩扇開向市街的窗，彷彿有好幾代人曾經在那裡沉思冥想，向外凝望。

我在旅館裡吃早餐，早餐就放在客廳的一張胡桃木桌子上：麵包、奶油、酸梅醬、起司、黃瓜和波蘭切片香腸，咖啡壺裡是現煮的黑咖啡。一個活潑的波蘭女子在客廳裡忙活著，給自己倒了一杯咖啡，然後擺弄起窗臺上的黑色收音機，直到裡面傳出一個美國女人的聲音。我想，她聽的應該是「美國之音」。此刻，新聞正講著歐巴馬和羅姆尼的選戰。

「妳支持誰？」我問。

「你說什麼？」她看著我。

「歐巴馬和羅姆尼，妳支持誰？」
「歐巴馬，也許。」她笑著。
「為什麼？」
「唔，因為他的移民法案吧，」她說：「有時候，我甚至覺得他是所有人的總統。」
「大概因為現在是美國的時代。」
「你從哪裡來？日本還是中國？」
「中國。」
「中國人不喜歡美國吧？」
「有些人喜歡，有些人討厭。」
「我們喜歡美國人，討厭俄國人。」
「俄國統治這裡幾十年的結果，就是讓所有人都更討厭它。」
「沒錯，我們有一個關於俄國人的笑話。」
我靜靜等待著下文。
「在一架飛機上坐著很多不同國家的人，為了減輕重量，每個國家的人都需要扔下一些東西。波蘭人就把俄國人拎起來，一邊往外扔一邊說：『這種東西我們在波蘭有的是！』」
我笑起來。
我們又倒了點咖啡。波蘭女子說，她在這裡已經工作兩年了，她喜歡每天有機會練習英語。她有個親戚移民去了美國，如果將來有機會，她也願意去美國發展。然後，她問我對波蘭的印象。

我說，克拉科夫非常寧靜，我希望有朝一日可以在這裡生活。然後，我問她最公道的貨幣兑換點在哪兒。波蘭女子女子從前臺拿出一張地圖，在上面畫了兩個圈遞給我。

我漫步在中央廣場，它是歐洲最大的中世紀城市廣場。廣場中心是十六世紀文藝復興時期的紡織會館，如今已經淪落成了賣各種紀念品的小商品市場。我毫不懷疑，它們絕大部分來自中國。我往東北方向走，經過古老的聖瑪利亞教堂。每到整點，從教堂的最高塔都會傳來號聲。據說，這在古代被當作一種警示。一旦號聲不響了，就表明有號兵的喉嚨被韃靼人的利箭刺穿了。

我一邊走一邊想著波蘭女子的話。在很多地方旅行時，當地人都會問我這個問題：「你怎麼看我們？」但在美國、德國、法國，人們從來不會這樣提問。在他們看來，那些外來者才是應該被打量的、被評估的，而絕對不是他們自己。

這一點似乎在新興國家身上表現得格外明顯。就像土耳其作家帕慕克所說：「在某種程度上，我們都在擔心外國人怎麼看待我們。我們的城市在西方人眼裡是什麼樣子。」這種擔心可以用薩依德的東方學理論加以詮釋，但我只是為此感到難過，彷彿這些曾經備受欺凌的國家是一群一絲不掛的女人，她們既羞澀又迫切地承受著男性目光的凝視，期待著被選中。

克拉科夫不大，我幾乎可以步行到達城市的任何一個角落。這家貨幣兌換點坐落在一棟老房子裡，一進門，頭頂的電扇正像大蒼蠅一樣嗡嗡轉動著。牆皮已經綻開脱落，給人一種黑市交易的感覺。果然，它的匯率也比官方匯率要高得多。拿著錢走出來時，我不禁下意識地左右張望，彷彿身處鐵幕時代，擔心有便衣警察突然出現。

附近有一個街心公園，我從遍地開花的酒窖裡買了啤酒，坐在公園的長椅上喝起來。天氣炎熱，但有微風吹拂，讓人心曠神怡。公園裡棲息著鴿子，噴泉「突突」地噴射著水柱，一些孩子在下面走來走去。旁邊的長椅上，一個波蘭醉漢正給另一個醉漢倒酒。兩個人都穿著牛仔褲、POLO衫、運動鞋，顯然已經喝了不少。

此時臨近午後，整個城市顯得格外安靜。那些老建築，那些電車，那些穿著樸素、沉默不語的行人，一切都彷彿是在一幀舊照片裡。這種感覺不曾消退，甚至當我登上瓦維爾山，徜徉在城堡和大教堂間，望著這些波蘭不朽的象徵，我仍然感到一種舊日重現的恍惚。

克拉科夫一直沉浸在過去，沉浸在過去的輝煌與苦難裡，因為這個國家的命運很少掌握在自己手裡，所以每個克拉科夫人的臉上都帶著一絲隨遇而安的神色。

一九四五年以後，波蘭人才基本上重新掌管了大約在公元一〇〇〇年時曾經屬於他們的土地。在這兩個時間點之間，波蘭的發展隨著它的鄰居們——德國人和俄國人的進退而發生變化。

三百年前，波蘭的東部邊境位於斯摩倫斯克以東，離莫斯科只有一百五十公里。今天，波蘭東部領土最突出的部分，在其十七世紀時的邊境以西八百公里處，而與德國的邊境卻向歐洲腹地平均推進了二百五十公里。英國史學家艾倫・帕爾默感嘆說：「一個民族的家園如此移動，是近代史上獨一無二的。」

3

當夜幕降臨克拉科夫，我看到成群烏鴉壓過城市的天際線。舊街道、老式有軌電車，「再見列寧」的酒店招牌閃閃爍爍。暮色中，波蘭少女的長髮閃著淡黃的光澤。和捷克一樣，這裡也遍佈賣酒和喝酒的地方。如果你能變成一隻大鳥，俯視這塊土地，一定會發現這一片片小酒館的燈火比銀河還要燦爛。波蘭人聲稱，伏特加是他們發明的。考慮到波蘭歷史悠久且一度幅員遼闊，我感到這件事的真實性遠比孔子是韓國人大得多。

在猶太人聚居的卡齊米日區，廣場四周是一圈餐廳和酒吧，此時都已點起蠟燭。那幽幽的燭光，彷彿這片土地上的亡靈。我走進一家猶太餐廳，這裡的實木家具和肖像畫，讓我感覺頗為正宗，再加上猶太唱片的低聲吟唱，更讓人恍若回到了一九三九年以前的日子。

我點了烤羊脛骨和甜沙拉。

「不來點酒嗎？」猶太女郎問。

「好吧，來一杯伏特加。」

「按照猶太人的禮儀，應該飲用三杯：第一杯在飯前，向神祈福，然後回想《出埃及記》的故事；第二杯點一滴在盤子上；飯後還有第三杯酒，是為詠嘆上帝，並繼續求神賜福。你不打算試試嗎？」猶太女郎的英文呱呱叫，相信這番話她逢客必說，因此分外熟練。

「要點三杯？」

「對，如果想體驗一下猶太文化的話。」猶太女郎一副進退自如的神色。

在我猶豫的瞬間，那個一直潛伏在心中的「既然來了就嘗試一下吧」的遊客心態，趁機冒出頭來。

它替我發話了：「好吧。」

猶太女郎問：「那麼要哪種伏特加呢？」

於是，我點了兩杯加杜松子調味的伏特加，又點了加櫻桃調味的一杯開胃酒。

在酒的國度裡，我對伏特加一直談不上喜歡，現在好了，這杯粉紅色的液體已經上升到了文明和宗教的高度，不由得我不肅然起敬。我對著燭光小口地喝著——味道還可以，只是仍談不上熱愛。

在一九五三年出版的《被禁錮的頭腦》裡，切斯瓦夫．米沃什曾說，一個知識份子成為異見主義者與其說是因為他的頭腦，毋寧說是因為他們的胃。頭腦可以被說服，但胃從不撒謊。

——原來如此，所言非虛。

甜沙拉上來了，裡面有堅果、蘋果、蜂蜜和肉桂，這略略振奮了我的心情。我就著餐前麵包把沙拉一掃而光。

就在我喝第二杯伏特加時，猶太女子女子端上了烤羊脛骨。

「在猶太傳統裡，吃羊脛骨是為了紀念希伯來人離開埃及前夜所吃的羊肉。」猶太女子女子一本正經地說，而我已經分不清楚這是不是唬弄。

在搖曳的燭光下，我直面著這根碩大的羊脛骨，感受著上帝的慈愛。

4

第二天上午，我去參觀辛德勒紀念館。自從一九九三年史蒂芬·史匹柏將辛德勒的故事搬上銀幕，克拉科夫就開始籌集資金、整理資料，終於在辛德勒紡織廠的舊址建成了這座紀念館。

在辛德勒的辦公室裡，我看到了那張長長的名單，從天花板一直垂落到地板。上面記錄了所有被辛德勒拯救的猶太人。那密密麻麻的名字都曾經是活生生的人。但我知道，死去的猶太人遠比這個名單長得多。

我坐車前往奧斯維辛集中營。中巴車滿滿當當，沉重得與奧斯維辛的名字十分匹配。奧斯維辛是克拉科夫附近的一座小鎮，有餐廳，有酒吧，甚至還有一個家樂福超市，但無論如何便利，決定在這裡定居生活的人，大概都需要格外的勇氣。

集中營裡是一條條鐵絲網和一棟棟標準化的牢籠，其中一些已經闢為展廳。對我來說，最令人不寒而慄的既不是毒氣室，也不是絞刑架，而是那些與日常生活相關的物件：堆積如山的眼鏡架和鏡片，一屋子的剃鬚刀和剃鬚刷，堆滿整個展廳的殘缺不全的洋娃娃——當你凝視著這些物件，意識到它們的背後都曾經有一個活生生的主人，而這些人——同樣堆積如山的人，再也沒能走出集中營，一種巨大的恐懼就滿溢心頭。

清晨的黑色牛奶我們傍晚喝
我們在正午喝在早上喝我們在夜裡喝
我們喝呀我們喝
我們在空中掘一個墓那裡不擁擠
住在那屋裡的男人他玩著蛇他書寫
他寫到當黃昏降臨到德國你的金色頭髮
瑪格麗特
他寫著步出門外而群星照耀著他
他打著呼哨喚出他的狼狗
他打著呼哨喚出他的猶太人在地上讓他們掘個墳墓

他命令我們開始表演跳舞
……

——保羅・策蘭，〈死亡賦格〉

毫無疑問，歷史總是由勝利者書寫。如今，人們只把奧斯維辛當作德國納粹犯罪的鐵證，而蘇聯瓜分波蘭時犯下的罪行，卻從未得到清算。奧斯維辛成為猶太人受難的標誌，而上百萬波蘭人、吉普賽人的生命只成為歷史上的一縷青煙。

一個俄國大叔正操著結結巴巴的英文問波蘭女講解員，他到哪裡可以查到當年死者的檔案。他的家人曾經被關進奧斯維辛，從此音訊全無。他嘗試講述這段故事，可是破碎的英語使他難堪，最後他終於頹唐地說起俄語。他當然知道，任何超過三十歲的波蘭人都可以聽懂俄語，因為這門語言曾經是波蘭人必須掌握的語言。然而，他也知道，波蘭人討厭俄國人，厭惡俄語。當他怯生生地使用英語，而波蘭講解員絲毫沒有首先講起俄語的念頭時，我感到一切戰爭、屠殺、罪行總會影響到之後的每一個人，無論哪一方，只是以各自不同的方式罷了。

關於奧斯維辛的文字已經很多，即便如狄奧多・阿多諾所說：「奧斯維辛之後，寫詩是野蠻的」，人們還是在不停地回溯並記錄這段歷史——同樣以各自的方式。

參觀完集中營，我獨自坐在營房前的一塊石階上，讀隨身帶來的書。我的對面就是納粹的行刑場。那面灰色的牆壁，曾經出現在無數二戰的電影裡。如今，它在陽光下顯得那樣真實。

書裡講了一個小男孩在集中營的故事。

大約戰爭結束前的一年，德國人開始給集中營裡的孩子分發一丁點脱脂牛奶。那個叫克里瑪的男孩十三歲，牛奶由一個比他大兩、三歲的女孩分配。她總是給他至少四倍的量。這種狀況一天天持續，男孩百思不得其解。他只能想像出一個理由：那女孩愛上他了。他心裡充滿了突如其來的、強烈的幸福感，集中營的恐怖一下子煙消雲散。在他眼裡，這個分發牛奶的女孩比任何女孩都美麗。但是，他從來沒有勇氣跟她説話，只是每天在可以瞥見她的地方遛來遛去。

那個夏末，納粹清空了男孩所在的集中營，大多數囚犯，包括負責營裡食物供應的姨媽，都被送到奧斯維辛，只有男孩和他心中的戀人沒被送走。這之後，那份額外的牛奶沒有了，男孩被突然帶回到現實中，品嚐初次失戀的苦澀。

這篇自傳小説的作者是伊凡．克里瑪。他説，因為寫得十分微妙，沒有一個評論家，也沒有一個跟他談論過這故事的讀者，解開牛奶額外份量之謎，就像多年來他自己也一直沒有解開這個謎一樣。

第三章

讀藝術史的女孩，塔特拉山，獵人小屋

1

在克拉科夫逗留的數日裡，我盡量享受著安穩生活能給予我的任何便利。我逛舊書店，散步，吃不同的館子，在酒吧裡聊天，沿著夜晚的維斯瓦河遊蕩，仰慕著對岸童話般的城堡。

夜晚的克拉科夫有一種不真實感，宛如一幅仿製品，是硬紙板剪出來的，塗上了一層亮閃閃的銀色。比如，一場雨會不期而至，一輛馬車會毫無預兆地出現在空無一人的街道，一只巨大的熱氣球會神奇地出現在半空，然後你會在街心花園遇到一個獨自喝酒的女人，邀請你和她一起喝上一杯。

於是，我就和這位英國女子坐在聖瑪利亞大教堂下面喝上一杯。酒是趕在酒鋪打烊前火速買來的。她是一位金髮女子，讀藝術史，素食主義者。我故意問她，在英國如果吃素食的話，除了馬鈴薯還有什麼？她認真地告訴我：「還有很多。」

我問她來波蘭做什麼。

「我的朋友說，這邊的酒超級便宜，」她說：「而且波蘭人都能說英語。」

我們又談了一下藝術，這是個煞有介事的話題。她說她是達米恩・赫斯特的崇拜者，而我恰好覺得赫斯特是眾多藝術史投機者中的三流角色。

「聽著，」她突然攤牌似的對我說：「有幾個荷蘭朋友要在他們的房車裡開派對，你和我一起去如何？」

「什麼樣的派對？」

「有酒、有『葉子』。」

「很想去，」我說：「但我明天一早就得走。」

「去哪裡？」

「離開波蘭，去斯洛伐克。」

「那邊有什麼？」

「不知道，甚至還不知道該怎麼走。」

英國女子看了看錶：「我得走了，謝謝你的酒。」

「想喝的話可以拿走。」

「不用了，一會兒應該有的是。」

她拍拍自己瘦小的屁股走了，而我繼續喝酒，看著月亮高掛在天上，想起波蘭作家維爾托德·貢布羅維奇說的「掛在天上的超級屁股」。

一男一女兩個巡警走了過來，腰上掛著警棍。

「這裡不准喝酒。」男警察對我說。

「為什麼？」

「街上不允許喝酒。」

我拿著酒瓶子突然站起來。兩個警察警惕地往後一退，手握在警棍上。

「我把酒瓶子扔進垃圾箱裡。」我說。

後來我從報上得知，那晚我算是逃過一劫。原來，波蘭果然有這樣的法律：除了酒吧和飯館，其他公眾場合禁止飲酒。一旦被警察發現，可能受到重罰。具體來說，懲戒的程度根據喝酒的多少而定。沒有醉酒的話，可能會被口頭警告或罰款一百五十茲羅提（約合人民幣一千三百元），但如果是醉酒，那就要被送進警察局特設的醒酒中心進行治療。在醒酒中心待一夜，需要繳納二百五十茲羅提，這相當於波蘭五星級酒店一晚的住宿費，還包含早餐。而在醒酒中心裡，免費的大概只有黑咖啡了，為的是讓醉酒者盡早清醒過來，面對現實。

開始，我感到難以理解，一個在酒杯裡泡大的民族，怎麼會有這樣的法律？後來，我看到新聞報導，恰恰因為波蘭人太愛喝酒，而且喝完酒之後脾氣暴躁，才有了這項法律：這至少保證人們走在街上是安全的，不必擔心隨時會被突然躥出來的酒鬼襲擊。

第二天一早，我到汽車站買了一張前往札科帕內的車票。札科帕內是波蘭和斯洛伐克邊境的最大城市，過去一直被外國佔領，現在是波蘭最著名的山地療養中心，列寧同志曾在此居住。我的計畫是在札科帕內尋找跨越塔特拉山、前往斯洛伐克的車。

在列寧旅館
你不是冬妮婭，我也不是阿廖沙
但昨夜，國際縱隊狂歡如革命之夜
只有那中國同志醒來，為這晨光一哭

——廖偉棠，〈列寧旅館歌謠〉

2

旅行是一段沿著大地的褶皺，進入全然迷離之境的旅程。其中最大的不確定性，不是抵達，而是如何抵達。在不坐飛機的前提下，如何去往另一個地方，這是旅行中最大的考驗，也是最美妙的部分，儘管這種美妙往往是事後回想才能體會到的。

請想像自己提著行李，走在全然陌生的城市，尋找穿越邊境的交通工具。你問了很多人，但每個人的回答都不盡相同，而你確定的只有眼前的青山、山頂的積雪、耳邊陌生的語言，以及連英語都無濟於事的場域。這聽起來固然充滿了浪漫主義氣息，但浪漫主義往往需要一個潸然淚下的結局，而這一定不是你所期待的。

在經過無數次打探後，我終於找到了路邊的一個小站牌，從上面的波蘭語裡，我僥倖認出了幾個斯洛伐克地名，其中一個叫茲蒂爾的村莊就是我打算去的地方。

我看了看錶，離下一班十五點十五分的車，還有三個多小時。這意味著我有足夠的時間，在這座列寧待過的小城市晃蕩一番。我沿著小鎮的街道走，山非常美，山頂彷彿有神居住。早上天氣很涼，但太陽出來以後，就讓人感到一股暖洋洋的熱意。我走進路邊一家餐廳，去洗手間脱下襯衫，換上一件乾淨的短袖POLO衫，然後點了一份烤雞肉串和一杯啤酒。

一群俄國遊客也走進來，從他們手中的小旗上，能看出這個旅行團來自莫斯科。點完菜後，其中一個人突然指著我的盤子問服務員這是什麼。然後，他們每個人也加了一份烤雞肉串。莫斯科來的同志們把這一餐吃得杯盤狼藉，不亦樂乎，酒杯碰得鐺鐺響。服務員問他們，覺得波蘭菜怎麼樣？

「Cheap! Cheap!」

走出餐廳時，我不由感慨——東歐乃至中歐國家的當代史，就是一部學習如何忍受俄國的歷史。

我在柏林遇到過一個喬治亞人。他說幾年前的冬天，因為喬治亞政府拖欠了俄羅斯一部分天然氣款，又頻頻向美國暗送秋波，俄國人憤怒地切斷了對喬治亞的天然氣供應。這之後，首都第比利斯的室內溫度降到了冰點以下，政府不得不把一車車木柴運往市區，任由市民們拿走燒火取暖。

「俄國人，非常壞。」喬治亞人說，讓我想到蘇聯歷史上最有權勢的人史達林也是他的同鄉，不過一切都時過境遷了。

我在等車處買了一份鬆餅，一旁的果醬桶裡爬滿了蜜蜂，但無論老闆還是顧客似乎都毫不在意。過了十五點十五分，巴士仍然沒來。按照站牌上的說法，下一班車是十六點十五分，但我已經開始懷疑這趟巴士線路究竟存在與否了。

在這個漫長的午後，和我一起等車的只有一個瘦高的光頭男人，穿著短褲、船襪、球鞋，困獸一樣地在我眼前晃來晃去。

「你不會也去茲蒂爾吧？」我問。

「我去茲蒂爾。」

為了免得頭暈，我說服他在我旁邊的椅子上坐下來說話。他說他叫阿爾蒙（Armen），美國加利福尼亞人，定居華沙。我讓他重複了兩遍才搞清楚，他的名字和祈禱時說的「阿門」（Amen）沒什麼關係。他之所以叫這個名字，是因為父母都是蘇聯人。冷戰時期，他們從蘇聯逃到美國，阿爾蒙和他的妹妹都是在洛杉磯出生的。

「他們是怎麼從鐵幕下逃出來的？」

「很長很長的故事。」

總之，阿爾蒙的父親逃到了美國。他曾經是蘇聯的電影導演，但被政府剝奪了拍片的權利。到好萊塢以後，他做過一段時間演員，只能演冷戰電影裡的蘇聯間諜。除此之外，他也開過店鋪，做過很多小生意，但生活始終都很艱辛。

阿爾蒙很小的時候，父親就在憂慮中去世了，阿爾蒙和妹妹靠母親的微薄收入長大。所幸的是，他們在美國接受了教育，所以無論如何，總能到國外去教授英語，混口飯吃。

阿爾蒙否認是出於這個原因來波蘭的。他說，十八歲那年，他交的第一個女朋友是波蘭人，她教了他很多波蘭語，順便點燃了他心中深藏已久的斯拉夫情結。儘管後來分手了，阿爾蒙還是來到華沙謀求發展。

「華沙是一個國際化大都市，和洛杉磯一樣，非常現代。」阿爾蒙說。

他在波蘭生活了二十年，娶了一位波蘭太太。五年前，他開辦了一個英語教學網站。「開始很難，入不敷出。」他說。但是憑藉英語在波蘭的重要性與日俱增，網站流量終於越來越高，一些廣告商開始把廣告投放在上面。而且，凡是下載英語學習資料的用戶，也需要支付一筆費用。阿爾蒙雇了人，有了更多的閒暇時間。幾天前，他聽朋友說斯洛伐克境內的塔特拉山很好，於是決定獨自去那裡徒步幾日。

雖說懂波蘭語，可是阿爾蒙也不確定這趟去斯洛伐克的鄉村巴士是否還在。沒錯，有站牌戳在那裡，可在波蘭這並不能太當回事。它最多只是表明歷史上曾有過一條巴士線路經過這裡，但是沒人對它現在的命運負責。

阿爾蒙操著波蘭語問了幾個路人，得到了幾個截然相反的答案。正當我們猶豫不決之時，一輛鄉村巴士像高中舞會遲到的校花一樣，姍姍來到。

「到不到茲蒂爾？」我大聲問留著八字鬍的司機。

「到！You on the bus!」

就這樣，在一個波蘭的傍晚，我花了十六茲羅提，坐在吱吱作響的座椅上，向著斯洛伐克，向著未知之地，飛馳而去！

一路上，奇峰異石隨處可見，綠色的山谷在面前鋪展。透過窗玻璃，我看到一些波蘭農民面無表情地扛著農具，行走在山間，山腰上不時可以看到一些嶄新漂亮的房子——那是富人們的度假別墅。天空突然陰沉下來，雨點伴隨著山風，吹打在佈滿塵土的窗玻璃上，流下一條條土色的淚痕。山石在雨水中變成了水墨畫一樣的黛青色。

車已經跨過了波蘭邊境，如果一切順利，我可以在斯洛伐克的山村裡享用晚餐。

對我來說，這似乎就是旅行的最好演繹：在黃昏時分，獨自到達異國他鄉的陌生之境——不是一本正經的首都，不是活色生香的都市，而是離我所熟知的世界幾百公里之遙的山村。在那裡，日子簡單綿長，人們淳樸好客，因為從未見過外人，因此格外熱情，如同歡迎遠道而來的大唐高僧。

巴士穿行在塔特拉山裡，窗外到處是山毛櫸和冷杉，不時可以看見畫著鹿的標誌牌。我問車上的一個斯洛伐克人，附近是不是有很多鹿。

「到處都是，」他說：「夜幕降臨以後，這裡經常有鹿群經過。」

3

等我們到達茲蒂爾時，暮色已經開始降臨，我和阿爾蒙被丟在空無一人的山路上。這時我才意識到，茲蒂爾的確只是山間相對平坦的山坡上的一個村莊而已。它看上去孤獨寂靜，放眼四望，只有森林和群山，看不到任何人跡。

這裡沒有什麼旅館，但是一些村民在門外掛出牌子，歡迎投宿。阿爾蒙在山腳下找到一家，但這家只有一間空房，接待能力有限。我對阿爾蒙說，沒關係，我可以往山上走一點。我希望找到一家在高處的房子，這樣透過窗戶，就可以俯瞰整座村莊了。

我沿著山路跋涉，經過一棟棟漂亮的房子。村子的古樸、靜謐容易給人一種荒涼感，可實際上這裡並不貧窮，一些村民的庭院裡甚至還停著德國和美國牌子的汽車。我經過村中的教堂，那裡剛舉行過一場彌撒。一位神父從教堂裡出來，經過我身旁，對我說：「感謝主。」我回答說：「阿門。」並且想到我的朋友阿爾蒙。教堂後面是一片墓地，豎著無數十字架，世世代代，村裡的人們在這裡生老病死，繁衍不息。沿著墓地向上走，我看到半山腰處有一棟房子，那是整個村子的最高點，如果住在那裡，視野一定不錯。

於是我走到那裡投宿。女主人剛剛翻新了房子，一切看上去都乾淨明亮。我一個人擁有了一間舒適的小屋，站在陽臺上，可俯視教堂和墓地，抬頭則是高大沉默的塔特拉山。我感到非常幸運，因為這一切只要十五歐，而且女主人還打著手勢告訴我，她新安裝了免費的無線網路。我想，即便在這裡定居，我所需要的一切也都已經具備了。

這時我才感到飢餓，不過我決定先去找阿爾蒙喝上一杯。我下山，敲門，像俄國媽媽一樣的女主人告訴我，那個光頭的波蘭人已經出去了。我只好走回教堂墓地，因為我之前看到在幾棵大樹的掩映下，這裡有一個獵人木屋，掛著酒館的招牌。這是你能喝上一杯的地方。

我踏著滿地的落葉，呼吸著山裡清新的空氣，一隻拉布拉多犬飛快地向我跑來，圍在我的腿邊轉來轉去。它是那種可愛的小狗，對任何人都毫無戒心。我從口袋裡摸出一枚波蘭茲羅提，向遠處扔去，它飛跑過去，在地上左尋右嗅的。因為找不到，焦急地叫喚起來。

「別吵，史努比！」一個年輕女子從掛在木屋外的吊床上喊道。

我跟她打了個招呼，她正看一本杜斯妥也夫斯基的小說，看厚度不是《罪與罰》就是《卡拉馬助夫兄弟們》。

「你好，陌生人，」她對我一笑，「大家都在裡頭。」

屋裡，五、六個外國人正圍在一張原木桌旁聊天，室內明亮溫馨，氣氛熱烈，牆上掛著抽象主義的油畫和照片，照片上是一塊黝黑的麋鹿頭蓋骨。

「我看你是中國人，對嗎？」一個女人問：「旅途愉快嗎？」

「非常愉快。」

「從中國跑到這裡？那可是夠遠的。」女子旁邊一個胖乎乎、頗像大猩猩飼養員的美國青年說。

「你也夠遠的，不是嗎？」女子轉過頭說，然後又看著我，「我從澳大利亞來，他從美國來，我們是在路上認識的……」

「波羅斯島，希臘。我的錢包在那兒被人偷了。」

「於是愛情故事上演，美國男子搭上了澳洲女人，跟著她一路到這裡，說這是羅曼蒂克。」一位從司徒加特來的德國青年擠眉弄眼。他比像大猩猩飼養員的美國青年還胖，戴著一副古老的圓邊眼鏡。

美國男子反唇相譏：「對於羅曼蒂克，我看德國人可沒什麼發言權。」

大家哄堂而笑，德國男子紅著臉。

「嘿，你有過女朋友嗎？」美國青年不依不饒。

「當然有過，我看上去有這麼差勁嗎？」

「什麼時候有的？」

「大學。」

「對方也認可嗎？」

大家又嘻嘻哈哈地笑起來。

我覺得氣氛不錯，於是拿了瓶本地啤酒，在中間找了個凳子坐下。我旁邊是一個美國女子，大概二十八歲，淺栗色頭髮，一副古靈精怪的樣子。我問她是做什麼的。

「我是作家。」她一本正經地說，看上去一點都不像開玩笑。

「寫什麼？」

「剛寫完一部長篇小說。」

「在哪裡能看到嗎？」

「目前還在找出版社，」她瞇著眼睛，「你呢？你是做什麼的？」

「我平時也亂寫亂畫。」

她咯咯地樂起來。

「我還做點翻譯，」我說：「我剛翻譯了一本約翰．厄普代克的短篇小說集。」

「真的？」她看上去頗為震驚。

我告訴她，我確實翻譯了。

她搖著身邊夥伴的胳膊：「嘿，你猜我遇見了誰？我遇見了一個中國作家，他剛翻譯了厄普代克的小說。」

她身邊的年輕男子是加拿大人，有一頭捲曲的短髮，鬍子刮得乾乾淨淨。剛才他一直趴在硬皮本上，修改一幅素描。

「哦？你翻譯了厄普代克！」他抬起頭說。他長得很像年輕時代的艾倫．金斯堡，有一雙瘋狂的眼睛。他說自己是畫家，從巴爾幹半島一路北上，常被路上的風景、人類的勞作感動得熱淚盈眶。每當這時，他都畫一幅素描，記錄一下自己的心情。

「一個多愁善感的傢伙。」像猩猩飼養員的美國青年評論道。

澳大利亞女子突然說：「我真的很羨慕你們這些作家、畫家什麼的，我也遇到過很多打動我的場景，但我不知道如何表達。」

「比如什麼場景？」畫家問。

「比如，今年春天我在尼泊爾的加德滿都。一天清晨，我走在霧中的杜巴廣場上，寺廟啊什麼的看上去都模模糊糊的。我聽到修行者誦經的聲音，卻看不到他們。這時我抬頭，隱約看到天上有幾隻鷹在翱翔。那一瞬間，我感到自己被打動了。」

「你知道嗎，你已經表達出來了。」美國女作家說：「而且表達得很不錯呢。」

「但我不會像你們一樣，把這種感覺寫出來或者畫出來。」

「重要的是感受而不是表達。」我說：「能用心感受到，旅行的目的就達到了。」

「他說的沒錯，」畫家說：「我同意中國朋友的觀點。」

美國青年打了個哈欠，澳大利亞女子則頗受鼓舞。她告訴我，五年前第一次出國旅行就去的中國——北京、上海、西安、成都。她說她對中國的印象很好，人們很熱情，尤其對中國食物印象深刻。

「和我們平時吃到的中國菜不一樣吧？」畫家問。

「完全不同，我最喜歡的是火鍋，你們一定不相信，他們把一條魚放進滿是熱油和辣椒的鍋裡。」

「天吶，不可思議！」

「是啊！」

我想，澳大利亞女子說的應該是水煮魚，可要把水煮魚和火鍋跟他們掰扯清楚，難度實在不小，於是只好任由他們抱持錯誤印象。

澳大利亞女子有一個小巧俊俏的鼻子，臉上長著淡淡的雀斑。她感嘆自己五年前還是個少女，如今和她同齡的女性友人大都已結婚生子。她說今天又在臉書上看到一位大學好友舉行婚禮的消息。她很惆悵，不知道是否應該提前結束旅行，回去參加婚禮。

像大猩猩飼養員的美國青年側頭傾聽著下文。如果澳大利亞女子走了，他的前景將頗為堪憂。

幸好畫家把筆一摔。「我告訴你我的經驗，」他一副瀟脫的表情，「你只需給那條狀態點個讚，就萬事大吉了。」

這時，一直在吊床上看書的女子探進頭來：「你們不去吃飯嗎？」

於是，一行人動身前往村裡的一家餐廳。裡面坐滿了當地人，老闆娘穿著傳統斯洛伐克女性的大裙子，忙裡忙外。屋裡擺著長凳，放著幾排桌子。我們把兩張桌子拼到一起，才勉強夠坐。我和澳大利亞女子點了特色烤鹿排，其他人點了澆有山羊起司和煙燻肥肉的餃子。

「你不來點肉嗎？」澳大利亞女子問美國青年。

「我倒是可以嚐嚐你的鹿排。」他撓了撓頭皮。

鹿排火候稍大，味道有點像馬肉，但我還是堅決地把它吃完了，而他們都認為飯菜美味至極，由此可見東西方在味覺上的差別有多大。

我和美國青年女作家聊著文學，她說了幾個她喜歡的當代美國小說家，可惜我都沒聽說過。在她的暗示下，我留下了我的電子信箱，讓她發幾篇小說給我看看。這段時間裡，美國青年不僅吃完了自己的餃子，還吃完了半塊鹿排。

飯後，我爬山回到住處。對我來說，這一天顯得相當漫長。早上我還在波蘭的克拉科夫，此刻卻在斯洛伐克群山的包圍下。

窗外天色已晚，萬籟俱寂。走到陽臺上，但見星光如沸，群山彷佛巨人的黑影降臨。我這時才發現，山在白天是一種壯美，到了夜晚卻令人心悸。那種龐大而未知的存在，不分晝夜地永恆矗立，讓我感到自己的渺小和脆弱。如果山願意，它可以輕而易舉地摧毀我，而我此刻還活著，不過依賴於它的垂憐。我上網，看到微博上有個長久未曾謀面的女子問我在哪裡。

「在斯洛伐克的群山裡，此刻星光滿天。」我回覆道。繼而可恥地向自戀傾向繳械投降，又矯情地發了一條微博：

「穿越波蘭邊境，進入塔特拉山，此地到處是山毛櫸和冷杉。一個斯洛伐克人說，夜幕降臨後，會有鹿群經過。我在想，可以把這句話作為新小說的開頭……」

4

第二天早晨，窗外下起了濛濛細雨。雨以一種不聲不響的姿態下著，像舊電影膠片上一條條流竄著的白色直線，山上霧氣濛濛。

我打開筆記型電腦，看美國女作家發來的小說。她叫伊登．羅賓斯，住在芝加哥。寫作、旅行、學習外語，得過兩次瘧疾，賣過女性自慰器。看完小說，我就冒雨到獵人小屋找她。昨晚躺在吊床上看書的女子告訴我，他們都出去爬山了。

我走到村口的一家餐廳，喝咖啡，吃午餐。我點了馬鈴薯煎餅配燉牛肉，煎餅上有熱乎乎的起司，用叉子挑起時會拉出長長的絲。我又點了蔬菜麵條湯，為的是看看斯洛伐克的麵條。結果上來的麵條就像泡麵的碎屑泡開以後的形態，口感也相似，不過湯很好喝。

吃完飯，雨已經停了，氣溫驟降，空氣彷彿一塊濕布，能擰出水來。我穿上夾克，把領子豎起來，才感到暖和一些。

我在村裡隨意走著，看到一個斯洛伐克老人拄著拐杖，在自家門前的草坪上散步，她的狗衝著我我狂吠，老人喝斥它安靜。我走過去和老人搭話，但她聽不懂英語，只是目不轉睛又好奇地望著我，臉上佈滿皺紋。我想她可能一輩子都沒有離開過這個山村，就像很多中國山村裡的老人一樣。

我朝山上走，經過我的住處，然後順著坡路繼續往上爬。眼前是一塊綿延起伏的高山草甸，遠方有幾隻牛在靜靜吃草，旁邊是一輛拖拉機，而草甸盡頭又是無窮無盡的山峰。和捷克相比，斯洛伐克似乎一直這樣與世無爭。

實際上，這兩個民族界限分明。儘管從一五二六年開始，他們就共同處於奧地利的哈布斯堡家族的統治之下。不過，捷克人處於輝煌的波希米亞王國的中心，而斯洛伐克人只不過是王國周邊的農民。「長久以來，捷克就是神聖羅馬帝國的一部分，」法國地理學家讓・瑟利耶說：「而斯洛伐克卻從來不是。」

我的雙腳被草上的雨水浸得濕漉漉的，可這無所謂。我在心中暗自籌劃著之後的行程：我得乘車去離這裡最近的城市波普拉德，再從那裡搭乘開往首都布拉提斯拉瓦的火車——這將是一趟從東到西橫穿整個斯洛伐克的旅程。我想到了阿爾蒙，他和我一樣在這裡待兩天，或許我們可以一起離開。於是我走到阿爾蒙的住處，給他留了張字條，上面有我的電話號碼。

我回到住所看書，此刻天空又變得陰沉沉的。直到夜幕開始降臨，我才走回獵人小屋。只有那個像大猩猩飼養員的美國青年坐在那兒，穿著短褲和T恤，像得了熱病一樣瑟瑟發抖。我問他怎麼不多穿點衣服，他說他根本就沒帶長袖。

「我他媽的不知道歐洲的夏天也會這麼冷！」

我又問其他人在哪裡。他說，他們去村裡的一家餐廳吃飯了。

「你沒和他們一起去？」

「我發燒了。」說完這句話，他的表情頓時顯得萎靡、虛弱。他告訴我，他白天一直躺在床上，沒有飯吃，沒有水喝，也沒有出門，「他們都去爬山了」。

「你現在餓了嗎？」我問。

他點點頭。

「那我們去餐廳找他們怎麼樣？」

「好。」

「你知道他們去了哪家餐廳吧？」

他搖頭，一副聽天由命的表情：「村裡就那麼四、五家餐廳，我們可以挨個兒去看看。」

路上，他問我是怎麼知道這個村子的。我說我的旅行指南上有半頁介紹。他說他的旅行指南是舊版，一丁點沒有提到這裡。

「哪一版？」

「一九九九年版。」

「那你為什麼還要帶它？」

「我想地圖至少沒變吧。」

「好吧，」我說：「斯洛伐克是一九九三年獨立的，之後地圖就沒變過了。」

我們先去了昨晚的餐廳，沒人在。我們繼續走，下起了雨，空氣又濕又冷，我能聽到美國青年牙齒打顫的聲音。我拐進一家披薩屋，建議就在這裡吃飯。

「我要去找他們。」

「下雨了，我們沒帶傘，又這麼冷。」

他搖搖頭，像處於一種迷幻狀態。

「我知道你錢包丟了，我可以請你吃飯，沒問題。」

「不，我還是應該去找他們，」他沉思著，「他們說不定就在下一家餐廳。」

我試圖阻止他，但無濟於事。他還是冒雨走了。雨越下越大，我看見他抱著雙肩小跑著，像一隻孤獨落難的小狗。

我點了一張大號披薩餅，喝了兩杯啤酒，給了好看的斯洛伐克女招待兩歐元小費。等我回到獵人小屋，大家都圍在桌旁，只有美國青年不在其中。

「嗨！剛才雨下得真大！」他們跟我打招呼。

「你看到你男朋友了嗎？」我問澳大利亞女子。

「他在洗熱水澡——可憐，剛才一直被雨困在樹下了！」

5

如果時間允許，我很想在茲蒂爾多住幾天，爬山，打獵。但是我不屬於這裡，而且再美好的地方，也終須一別。

離開茲蒂爾那天，仍然下著毛毛細雨，濛濛的霧氣讓一切都顯得那麼蒼涼。我和阿爾蒙坐在前往波普拉德的汽車上，它爬過岩石嶙峋的山岡，經過野草叢生的森林，一路上見不到一個人影。等我們好不容易進入平原地區，把山甩在身後，路邊才開始出現一些蒼白的舊房子。汽車穿行在大片的莊稼地裡，風擺動著莊稼，上面落滿了烏鴉，彷彿一幅梵谷的油畫。一些農民站在路邊，但是看不到他們的表情。

汽車順著一條彎道，駛進一個小鎮，可以看到一些吉普賽人，穿著灰撲撲的衣服，戴著鴨舌帽，旁邊是同樣灰撲撲的房子，彷彿時間凝固了，錶針一直停留在過去的某一時刻上。

阿爾蒙說，他熱愛這種荒涼的感覺，這更容易讓他感覺到自己還活著。我告訴他，這地方讓我想起新疆和吉爾吉斯斯坦接壤的邊境地區。

「你去過那裡嗎？」

「去過，有件很有意思的事。」

那是很多年前的夏天，我一個人去新疆旅行。我們的汽車在路上拋錨了，當時天色已晚，我們不得不困守在車上，等待天明以後有人來救援。清晨時分，我終於攔住了一輛過路車，漢族司機跳下來說的第一句話是：「中國申奧成功了。」我愣在那兒，感到特別穿越，但還是很快反應過來，衝回車裡告訴一車的維吾爾族人：「中國申奧成功了！」

「他們怎麼說？」

「他們只是呆呆地望著我，不明白我在說什麼。」

阿爾蒙笑起來：「就像在這裡，就像這些吉普賽人。無論這裡屬於捷克，屬於斯洛伐克，還是屬於匈牙利，對他們來說，都是無所謂的事。」

多拿些酒來，因為生命只是烏有。

——費爾南多．佩索亞，〈有些疾病〉

但是歷史早已寫就：一九八九年，「天鵝絨革命」導致捷共下臺。一九九二年夏天，斯洛伐克議會宣佈獨立。此後，斯洛伐克一度拒絕經濟和社會改革，政權的更迭繼而導致政策的斷裂。捷克和斯洛伐克終於朝著不同的方向各自發展。捷克堅定地向西方靠攏，而斯洛伐克則試圖扮演東西方交流的橋樑。

到達波普拉德時，已近正午。這裡就像中國西部的一座縣級城市。我和阿爾蒙喝了杯咖啡，在火車站分手告別。他將轉車去往另一個村莊，而我將前往布拉提斯拉瓦。

「我們肯定會再聯繫的。」

「一定會的。」

但我們彼此都知道，我們的人生很難再發生交集。旅行中的相遇，就如同空中交會的流星，短暫的火花過後，依然是兩塊醜陋的隕石。我們期待旅途中的相遇，但相遇也注定了分離。

坐在火車上，我看到遠處的雪山閃閃發光。雪山和火車之間是遼闊的斯洛伐克平原。我凝視著窗外，感到某種情感的重負，而我身邊的斯洛伐克大媽兀自埋首於報紙上的填字遊戲。

我看到很多斯洛伐克的年輕人背著行囊和睡袋，立在站臺上。他們不慌不忙，悠閒自得。他們熱愛這片土地，熱愛在這片土地上遊蕩。我在一本書上看到，遊蕩（Ist'na prechadsku）是斯洛伐克全民性的娛樂活動。在週末，在郊外，你會看到無數遊蕩的斯洛伐克人。

如今，在火車上，在我身邊，同樣站滿了背著睡袋的人。我第一次感到，我並不是一個孤獨的旅行者，而是浩蕩的遊蕩大軍中的一員。

我將追隨他們，也很高興能夠追隨他們，和他們一起到達布拉提斯拉瓦——一座幽靈之城，然後喝上一杯冰鎮的斯洛伐克啤酒。
是的，這樣很美好。即便只是這樣想想，不也很美好嗎？

第四章

衛星城，沃莉肖像，昨日的世界

1

布拉提斯拉瓦是一座性格分裂的城市：多瑙河的一側是頗具魅力的古城，另一側則是共產黨執政時期留下的混凝土城市。在原蘇聯的衛星城旅行時，我常感到走在一個要麼發育不良，要麼發育過剩的花園裡。

走在布拉提斯拉瓦的街上，我沒有太多遊客的感覺，因為身邊幾乎都是本地人，而且某種難以名狀的氣氛讓我回想起九〇年代的北京——那種清淨和空曠，那種被世界遺忘的自暴自棄，那種自暴自棄帶來的快活情緒。這裡距離維也納只有六十公里，大部分外國人把這裡當作前往維也納的中轉站。我也一樣。我買了一張當晚的火車票，發現還有足夠的時間四處轉轉，甚至吃一頓晚餐。

我喜歡這樣的遊蕩。因為放棄了發掘城市祕密的野心，反而獲得了一種輕鬆自在的心理狀態：毋須再去看著地圖，尋找那些著名景點；也毋須為了找到當地人的祕密據點而發愁；更不用因為自己對這座城市的無知而羞愧。一般來說，為了避免無知，我會提前閱讀大量關於這一地區歷史方面的書籍。在某些時候，簡直享受不到任何閱讀的樂趣。因為那些書大都翻譯得讓人不堪卒讀。在布拉提斯拉瓦，我可以把書拋在腦後了。因為放棄而獲得自由，因為退後而海闊天空——看來這不僅是人生的真諦，也同樣適用於旅行。

「生意如何？」我問路邊書店的老闆。

「沒人買書。」

如他所說，書店裡除了我倆，別無他人。

我翻揀著他賣的書，都是斯洛伐克語的，但是其中一個書架上有一些流行的英文小說。我看到了史蒂芬·金的《11/22/63》，封面是甘迺迪和賈桂琳坐在一輛敞篷汽車上。

「多少錢？」

「十二歐。」

我把錢遞給他，他在一個小本子上記下書名。「這是一本講美國總統的書？」他問。

「是講一個補習學校的英文老師，穿越回一九六三年十一月二十二日拯救甘迺迪的書。」

他微笑著點點頭，彷彿是對這個決定表示讚賞。

走出書店，我拐進街角的一家酒吧，要了一杯啤酒。我坐在戶外，一邊呷著冰涼的啤酒，一邊讀《11/22/63》。史蒂芬・金的小說和布拉提斯拉瓦的氛圍極為相配。一群英國年輕人拎著酒瓶子喧囂而過。不知從什麼時候開始，英國人淪為了世界上最粗魯的民族。他們大聲開著猥褻的玩笑，卻毫不在意，或者說根本不在乎。這裡沒人管他們，每個人都在忙著往西跑：奧地利、德國、法國、英國。如果說遊客把這裡當成中轉站，本地人則把這裡當成始發站。一路向西，才有希望，留在這裡又能幹什麼呢？我點了一份雞肉帕尼尼，算是把晚餐也解決了。

面前是一條步行街，一個菲律賓草臺班子[1]正在因陋就簡地準備演出。一個類似鄉村大世界的舞臺上，插著兩個矮墩墩的音箱。領隊是一個五十來歲的男子，穿著熱帶風格的短袖花襯衫，身後坐著一排手持民族樂器的菲律賓樂手，混搭組合，有老人，有少女。他們怎麼會來到這裡？

領隊對著麥克風，開始冗長的英語開場白——菲斯友誼、菲律賓音樂的博大精深。演出還沒開始，人已經走了一半。等到樂手們終於開始吹拉彈唱，剩下的一半也開始陸續離開。但是仍有幾個人不捨得舞臺附近的長椅，他們坐在那裡，看不出是在欣賞音樂，還是在沉思往事。

「很好的音樂。」一個斯洛伐克男子俯身湊過來。

1 原意指野臺戲班，現在常指稱一群業餘、胡亂湊數而成的團隊。

「嗯。」我以為碰到了一個音樂愛好者。

「你從哪兒來？」

「中國。」

「哦！」他說：「偉大的國家！」

「你去過嗎？」

「沒有，我很想去。離菲律賓很近對嗎？」

「很近。」

「要不要斯洛伐克女人？」

「什麼？」

「斯洛伐克女人。」他微笑著遞過來一張名片，是一個脫衣舞酒吧，「這是我們的酒吧，桌上骷髏舞，膝上骷髏舞，什麼都有。」

我想起一部名為《恐怖旅舍》的電影。兩個美國青年來到斯洛伐克獵豔。一夜銷魂之後，才發現恐怖事件漸漸拉開帷幕。

「我馬上要走了，」我看看錶，「去維也納。」

「維也納沒什麼可看的。」

「那這裡有什麼可看的？」

「城堡，」他頓了一下，「你去了嗎？」

「沒有。」

「我可以安排你去，我的朋友是導遊。」

「算了，十分感謝，」我一邊站起來，一邊揮了揮他給我的名片，「下次去你的酒吧。」

他用那種放走了一塊肥肉的悲傷目光看著我：「沒有下次了，你不會再來這裡了！」

我聽到了這句話，但沒有回頭。我不想看到他臉上失落的神色。「沒有下次了」彷彿沙漠中的一聲鞭響。我邊走邊問自己：我還會再來這裡嗎？從北京直飛布拉提斯拉瓦？就算有機會再來維也納，我還會為布拉提斯拉瓦買上一張火車票嗎？

也許，就像在這裡出現菲律賓樂隊的可能性一樣小。一時間，我感到一種今生無緣的生離死別感。這種感覺導致我坐上去維也納的火車時，幾乎不忍把目光從窗外移開：那些笨拙陰沉的建築，那些美豔的斯洛伐克女郎，那些酒吧閃爍的霓虹燈，似乎在抓緊時間和我做最後的告別。

但是布拉提斯拉瓦實在不大，沒出幾分鐘，火車就將一切遠遠拋在身後。

2

到達維也納時，已是深夜。

午夜時分進入一座陌生城市，就像在玩一場捉迷藏遊戲。因為入夜的城市與白天截然不同，街上的行人也好，城市的氣氛也罷，都與白天相異。有時，我甚至覺得一座城市的地圖在午夜都會悄然變異：

小巷折疊，大路轉彎，一些建築凸顯出來，一些建築則暗自隱去。

我坐在出租車上，收音機裡流淌出史特勞斯的華爾滋舞曲。午夜的維也納下著雨，車窗上罩著一層水氣。街上的路燈、霓虹燈、汽車的尾燈從水氣中隱隱透過來，一片五光十色的迷離。司機說，他確定我住的酒店就在這條街上，可掉頭後，卻依然不見蹤跡。他給酒店大廳打了電話，這才發現我們就停在離酒店大門不到三十米的地方。

「實在抱歉，先生，剛才真的沒看見。」

我告訴他沒關係，這種事時有發生。

——是維也納開的小玩笑，對此我早已心知肚明。

我並非第一次來奧地利。此前，我曾經去過奧地利西部阿爾卑斯山腳下的因斯布魯克。那裡冬季是奧地利的滑雪勝地，夏天則是歐洲人逃避平原酷熱的避暑之選。我還記得我在那座中世紀老城裡慵懶地漫步，和所有人一樣參觀了由兩千六百五十七塊鍍金銅瓦組成的黃金屋頂，參觀了供哈布斯堡皇室避暑之用的霍夫堡宮。記憶猶新的則是在宮廷教堂裡。那二十八座王室的青銅雕像已經被遊客的手觸摸得精光鋥亮，甚至連袍子的褶皺也熠熠生輝。

哈布斯堡王朝是多麼受遊客愛戴！畢竟，這個家族曾經統治過整個中歐，甚至將疆域擴展至西班牙、南美洲。

但是，直到身處維也納，身處皇宮前的英雄廣場，看著皇宮的穹頂與蔚藍的天空融為一體，我才意識到因斯布魯克的霍夫堡宮之於維也納的霍夫堡皇宮，就如同承德避暑山莊之於紫禁城。

霍夫堡皇宮始建於一二七五年，比紫禁城還要早一百多年。此後，幾乎每一代皇帝都對皇宮進行了改建或擴建。因此，霍夫堡皇宮堪稱歐洲各種建築風格的集大成之作，彙集了哥德、文藝復興、巴洛克、洛可可以及新古典主義風格。如今，皇宮成為一座由十八個側翼、十九個庭院和兩千六百個房間構成的巨大迷宮。

對歐洲人來說，霍夫堡皇宮見證了歐洲建築史的發展，而對我這樣的東方人來說，霍夫堡皇宮簡直是一種「視覺轟炸」。那無窮無盡的細節，繁複異常的渲染，無所不至的雕飾，形成一種華麗的壓迫。它像個熱情的女主人，要把家裡上千年來的好東西，毫無保留地展示給你，也不管你能不能一次接受。在霍夫堡皇宮，我常感到腦仁轟轟作響，彷彿坐在一列片刻不停的蒸汽火車上。

儘管遊人如織，但和故宮比起來，只能算是小巫見大巫，因此徜徉在皇宮裡，還有閒情感嘆如此龐大的王朝和家族如何由盛而衰，直至不復存在。哈布斯堡王朝有一句祖訓：「讓其他人發動戰爭吧，但是你，快樂的奧地利人，去結婚！」據說，此話道盡了哈布斯堡王朝的盛衰之謎。

一方面，這個起源於瑞士的家族與歐洲其他皇室聯姻，結成聯盟，進而繼承領土。通過這一招，哈布斯堡王朝的身影遍佈歐洲大陸，瑪麗亞・特蕾莎女王更被人們稱作「歐洲的老祖母」。但是另一方面，為了保持王族血統的純正，他們鼓勵近親婚姻。堂兄妹之間、叔侄女之間的結合頗為普遍。科學家研究了這個家族十六代三千多人的族譜，得出結論：正是近親繁殖，最終導致了哈布斯堡家族的衰亡。只可惜在那個時代，人們對遺傳學還知之甚少。

在茜茜公主博物館門前，人們排起了長隊。末代王朝的皇后總是能引起人們格外的興趣，但似乎很少有人知道伊麗莎白（即茜茜公主）和丈夫約瑟夫是表兄妹，她本人來自一個擁有長期精神病和遺傳病歷史的家族。

伊麗莎白的祖父皮烏斯大公跛足、弱智、離群索居，最終孤獨地死去。伊麗莎白的父親馬克西米連大公也有很多非正常行為。他喜歡住在破敗的城堡裡，看著狗在客廳裡嬉戲，牛在玫瑰園中吃草。

此前去慕尼黑時，我也順道參觀了新天鵝堡。那座矗立在懸崖峭壁之上的白色城堡，宛若童話之境，絕非一般人可以想像出來。不過大多數人不知道，新天鵝堡的主人，患有憂鬱症的巴伐利亞國王路德維希二世，是伊麗莎白的表侄。這位國王患有嚴重的失眠症，夜間經常獨自騎馬在鄉間漫遊，或是打扮成中世紀德意志傳說中的騎士，在城堡的房間裡穿行。伊麗莎白喜歡這位表侄。她曾對侍女吐露：「他並沒有瘋到要被關起來的程度，只是行為太過反常，無法順利統治理性的人民。」不久，路德維希二世溺水而亡，伊麗莎白悲痛不已。據說，她開始相信招魂說，並舉行降神會，希望見到表侄的亡靈。

後來，兒子魯道夫在行宮中自殺，伊麗莎白陷入憂鬱。她從此只穿黑衣，蒐集死者的遺物，並且時常夢見死亡。一八九八年九月十日，伊麗莎白在日內瓦被義大利無政府主義者路易吉・盧切尼用一把磨尖的銼刀刺殺身亡。她的最後一句話是：「出了什麼事？」

如今看來，這更像是一個王朝對整個歐洲時局的發問。若以禪宗視之，則像是偈語。自那以後的歐洲四分五裂，動盪不安，霍夫堡皇宮的每一塊大理石都成為見證。

我走出英雄廣場，沿著樹蔭掩映的環形大道一路前行。這條適合散步的大路一定可以和巴黎的塞納河畔一較高下。這條路上集中了維也納最出色的建築和文化機構，隨便哪一棟房子都充滿了典故。但別忘了，維也納的人口遠比巴黎的要少，這意味著人們有更多的空間感受這座城市的一切。

我經過人民公園，裡面正舉行露天音樂會，演奏的是史特勞斯的華爾滋。作為一座文化之都，即便是土耳其人和拿破崙軍隊圍城的危難時期，哈布斯堡皇室也不遺餘力地支持那些偉大的音樂家，這其中包括了莫札特、海頓、貝多芬、布拉姆斯和史特勞斯。

現在，正規交響樂團的演出季已經結束，這支樂隊不過是街頭賣藝的藝人，但因為他們演奏的都是維也納最著名的樂曲，還是有不少人把一枚枚硬幣扔進他們面前的樂器箱裡。他們穿著燕尾服，打著領結，姿態一絲不苟，彷彿這不是在人民公園的樹下，而是在維也納的金色大廳裡。硬幣相碰的聲音叮噹作響，和史特勞斯的時代一樣，維也納依然是藝術家們的ATM。

一八九九年六月三日，這裡也在舉行一場露天音樂會。當史特勞斯去世的消息傳來時，有人走上舞臺，低聲同樂隊指揮耳語了幾句。很快，《藍色多瑙河》的旋律開始飄蕩在公園上空，用的卻是慢板。據説當時維也納進行了一次民意測驗，史特勞斯的知名度在全歐洲排名第三，僅排在英國維多利亞女王和德國俾斯麥首相之後。而無論捷克人、波蘭人還是匈牙利人，都能從史特勞斯的波卡舞曲和華爾滋中找到本民族的旋律。維也納人甚至説，史特勞斯去世後，約瑟夫皇帝才開始真正統治帝國。

我試圖想像，在當時的情景下，慢板的《藍色多瑙河》該是怎樣的況味，但是想像不出。只能視覺性地看到，那些音符一定如雪花一樣漫天飛舞，不是降落，而是慢慢上升，如同被空氣托起。人們靜靜佇立，眼中噙滿淚水。一個偉大的音樂家離世時，大概就是這幅光景。

但是，這並不意味著史特勞斯在世時沒有遭遇反對的聲音。坦白説，恰恰是反抗推動著藝術不斷發展。一八九七年四月，二十多位年輕的畫家和藝術家宣佈從史特勞斯代表的傳統文化中「分離」出來，成立自己的先鋒派聯盟，史稱「維也納分離派」。這群維也納的波希米亞，發出了現代主義藝術的最強音。現在，他們當中的古斯塔夫·克林姆、埃貢·席勒的眾多傑作就收藏在人民公園對面的利奧波德博物館裡。

博物館外是一個小型廣場，廣場中央有一座用積木搭起的巨大雕塑，供人休憩。很多人就躺在積木上看報，或是三五成群地聊天。這是一座私人博物館，創立者魯道夫・利奧波德從二十世紀五〇年代開始蒐集藝術品，當時他還是一名普通的大學生。他購進的第一幅繪畫作品就是埃貢・席勒的《隱居者》，花費了三萬先令，當時相當於一輛福斯金龜車的價格，而這是母親允諾他完成學業的獎勵。這幅畫奠定了利奧波德的收藏基調，日後他陸續收藏了十九世紀和二十世紀奧地利最重要的藝術品，尤以埃貢・席勒和克林姆為特色。這些藏品的價值早已不是用甲殼蟲可以度量的。

和很多歐洲博物館一樣，利奧波德博物館近些年麻煩不斷。麻煩主要集中在博物館收藏的藝術品是否與戰爭中的非法所得有關。

一九九七年十月，利奧・波德在紐約現代藝術博物館展出了自己收藏的一百五十幅埃貢・席勒的畫作。一幅名為《死城Ⅲ》的作品被原收藏者的後人追訴。他們說，二戰中收藏者死於達浩集中營，他的收藏才因此流落民間。另一幅畫的爭議更大，它是一九一二年埃貢・席勒為情人畫的一幅肖像，題為《沃莉肖像》。原收藏者是維也納猶太藝術品商人萊亞・邦迪，二戰時他的收藏被納粹洗劫一空。

面對質疑，利奧波德多次申明自己不是納粹，也不是納粹的受益人。二戰中，他和他的家人一直反對希特勒的獨裁統治。出於這個原因，他拒絕將自己辛苦收藏的藝術品賠償給戰爭期間受害者的子女。

《沃莉肖像》沒能回到維也納。它被扣在美國。訴訟案一打十幾年，從州法院一直打到聯邦法院，甚至當利奧波德已離世，依舊沒有等到結果。不久，利奧波德的兒子迪特哈德與對方達成和解，同意支付萊亞·邦迪的繼承人一千九百萬美元用以交換《沃莉肖像》。文化財產訴訟案件律師托馬斯·克萊因在《華爾街日報》上寫道：「好像這些裁決早就準備好了，只等著他（老利奧波德）撒手人寰。」

這件事的是非曲直的確頗難分辨。作為一座被納粹佔領的城市——不，事實上有二十萬維也納人自發前往英雄廣場，歡呼希特勒的到來——歷史給這座城市留下了一筆沉重的負擔。重新開始生活的希望，建築在清算舊帳的基礎上。利奧波德博物館的遭遇正是歷史留給這座城市懸而未決的難題之一。

類似《沃莉肖像》的案子開始頻繁出現。迪特哈德表示，一旦發現某件藏品確是二戰期間掠奪而來，必定將其物歸原主，或給予受害者家屬相應的補償。為此，他不得不將一些藏品送到倫敦的拍賣行，以支付相應費用。

「我出生於一九五六年，作為一個普通人，我沒有任何義務去對一九三八年至一九四五年發生的事情負責。但是，這麼多人的命運和他們曾經的遭遇深深觸動了我。我覺得，我們應該正視歷史。」迪特哈德表示，他希望所有爭議結束後，博物館能從此走上正軌。

如今，《沃莉肖像》懸掛在博物館非常醒目的位置。站在這幅肖像前，我很難想像它曾經歷過這麼多的波折。沃莉是一個工人的女兒，而席勒最終離開她，娶了一位商人的女兒。他們在咖啡館分手時，席勒希望彼此保持關係，至少每年做一次長途旅行，但是沃莉拒絕了。她離開維也納，不久死於猩紅熱。

畫中的沃莉戴著白色草帽，穿著深色長裙，被刻意放大的眼睛閃著憂鬱的光芒。難道她已經預見了自己的不幸，以及這幅畫的未來？

3

走出博物館時，天空陰晦。起初，一些細小的雨點從天而降，不緊不慢，突然之間就變成了瓢潑大雨。我恰好路過一家咖啡館，就躲進去避雨。我一邊喝咖啡，一邊讀茨威格的回憶錄《昨日的世界》——這是一本維也納的《追憶似水年華》。

茨威格是維也納人，他本人也喜歡光顧咖啡館，因為那裡有各國出版的報紙雜誌，供人免費閱讀。他在咖啡館裡度過了青年時代。

我以前並不喜歡茨威格，但《昨日的世界》卻是一本雋永而充滿感情的書。像所有雋永而充滿感情的書一樣，你一旦讀了它，就會被作者說服用他的目光重新審視這座城市與這段歷史。

在伊麗莎白被刺的第二年，茨威格進入維也納大學，當時人們仍沉浸在帝國末期的狂歡中。作為中上階層的年輕人，茨威格考慮最多的是，終於可以享受性自由了。父親找來家庭醫生，對茨威格進行了一些性教育。茨威格說：「在他開始講述性病的危險時，他擦鏡片的舉動完全沒有必要。」

有些父輩們的指導方式則更加直截了當。「他們會在家中僱一個漂亮的侍女，其工作就是讓年輕男子獲得實際的性經驗。」等到男孩們再長大一些，他們就學會了自行安排，從那些不提出附帶條件的女店員、女祕書和洗衣女工那裡得到性經驗。這樣的女子在當時被稱為「甜妞」——她們大都是中下層女性，希望與出身資產階級家庭的年輕男子保持一段浪漫關係。

這段逸聞讓我想到了沃莉。她大概也屬於「甜妞」的類型吧。不過這並不稀奇，在席勒和茨威格的時代，資產階級文化和審美情趣正在席捲整個維也納。這裡到處是咖啡館、歌劇院，華爾滋舞會日夜不停。

人們懷念舊日時光，因為「懷舊」是典型的布爾喬亞趣味。茨威格就曾寫道，在維也納，一位全國聞名的女演員的去世，會使一個毫不相干的人覺得是莫大的不幸。任何一位受人愛戴的歌唱家或者藝術家之死，都會頓時成為全國性的哀慟。

他回憶了莫札特《費加洛的婚禮》首演的老城堡劇院被拆毀時的情景：整個維也納的社交界像參加葬禮似的，神情嚴肅而又激動地聚集在劇院的大廳裡。「帷幕剛剛落下，所有的人都湧上舞臺，為的是至少能撿到一塊舞臺地板的碎片——他們喜愛的藝術家們曾在這塊地板上演出過——作為珍貴的紀念品帶回家去。而且幾十年以後還可以看到這些不會閃光的木片在數十戶市民家中被保存在精緻的小盒子裡，就像神聖的十字架碎片被保存在教堂裡一樣。」

我在克林姆的一幅油畫上，目睹到當年的盛況。劇院拆除六年後，克林姆用繪畫保留了記憶。為此，他特意安排了模特兒，但是很多名流都想登上這幅油畫。最後，這塊32×36英吋的畫布上，出現了一百多位維也納名流的肖像。

在維也納，這類具有歷史意義的每一幢房屋的拆除，就像從我們身上奪取了一部分靈魂。

——茨威格，《昨日的世界》

但是當時沒人想到，最終奪走人們靈魂的是戰爭。在茨威格看來，當一座有兩百萬人口的城市，一個有五千萬人口的國家，都覺得自己屬於一個整體，覺得自己受到召喚，要把渺小的「自我」融化到火熱的集體中去；當所有地位、語言、階級和宗教信仰上的差別，都被暫時的、團結一致的狂熱所淹沒；當馬車夫也在大街上爭論應該向法國索要多少戰爭賠償，是五百億還是一千億，而他們並不知道這究竟是多少錢時：戰爭的腳步就離人們不遠了。

關於一戰發生的原因，一直存在爭議。茨威格的看法是，他找不出任何一個合情合理的理由，也找不出任何緣故。那次戰爭既不是為了思想上的紛爭，也說不上是為了邊境幾塊小小的地方。他認為那次戰爭只能用「力量過剩」來解釋。那是在戰前四十年的和平時期積聚起來的「內在力」所造成的悲劇性的後果，那種「內在力」是勢必要發洩出來的。

二十多年後，第二次世界大戰爆發。此時，身為猶太人的茨威格正躲在巴西撰寫回憶錄《昨日的世界》，他對歐洲充滿失望。他沉浸在過去的歲月裡，感到現實的荒誕和虛無。

在維也納的德語裡，有一個詞叫作「Ewiggestrigen」，專指那些永遠活在過去的人。當你成為「Ewiggestrigen」，你就會抗拒時間的前進，寧願成為幽靈，永久地留在昨天。

一九四二年二月，茨威格夫婦服下超量的巴比妥後一起躺下，茨威格穿著襯衫，打著領帶，妻子則穿著一件和服式的印花晨衣。

人們在作家的寫字臺上發現了一封遺書，其中寫道：「跟我說同一種語言的世界對我來說業已沉淪，我的精神故鄉歐洲業已自我毀滅，在此之後，除了這裡，我不想到任何別的地方去徹底重建我的生活了。」

「這裡」所指何處呢？我問自己，是「昨日的世界」嗎？

此時，坐在咖啡館裡，周圍的交談聲和杯盤聲漸漸模糊。窗外的天空依然陰鬱，雨水淋濕街面，讓它呈現出青黑色。一時間，我懷疑這間大雨中的咖啡館，就是昨日世界裡的一座孤島。

雨停後，我買了去布達佩斯的火車票。在維也納剩下的兩天，我打算泡在咖啡館裡讀書，然後在街上隨意地散步。

4

我先去了中央咖啡館。這家著名的咖啡館曾是列寧和托洛茨基密謀革命的地方。很遺憾，咖啡館已經擠滿了遊客，人們在俄國革命的策源地合影留念，順便吃上一頓昂貴的套餐。我進去喝了一杯咖啡，書則根本沒敢拿出來，因為候位者的目光都如禿鷹一樣尖銳。咖啡館新近做了裝修，一切看上去都熠熠放光，就像艾德蒙·懷特所說，猶如一個「垮掉的一代」的孩子，已經成長為優雅的中產階級主婦。

我又回到上次避雨的那家名為「施貝爾」（Café Sperl）的咖啡館。它建於一八八〇年，或許正是昨日世界的入口。兩張大桌子上攤滿了報紙和雜誌，高高的穹頂，美麗的枝形吊燈，牆壁上大理石雕刻的小天使，一切和《昨日的世界》中的描述如出一轍。

所有的桌子都是臨窗的，透過寬大明亮的窗子，可以看到街道上來往的車輛和路人。咖啡館裡不吵，但可以聽到杯盤相碰的聲音，比完全安靜更適合讀書。我想，這也許就是很多作家、藝術家喜歡在維也納的咖啡館裡工作的原因吧。

「維也納有三個與死亡有關的博物館，分別是葬禮博物館、犯罪博物館和病理學博物館，」維也納作家格魯伯說：「如果死神的造訪或早或晚，不可避免，那就在享受中等待他的到訪好了。」

因此有人說，維也納人和佛洛伊德一樣，在情緒上、精神上患有不治之症，同時又是這個世界上最好的精神醫生。對他們來說，抵禦憂鬱的最好辦法就是泡在這些年代久遠的咖啡館裡。實際上，格魯伯先生的暢銷書《享樂的方法》就是在咖啡館那光滑的大理石桌面上寫就的。

這是一個星期六的傍晚，咖啡館裡卻不時進來一些獨自用餐的人。這正是維也納咖啡館的妙處，它不會讓獨自用餐的人感到尷尬。不僅如此，巨大明亮的空間還給人一種眺望人世的溫暖。看書之餘，抬頭看看身邊的人，因為聽不清他們說什麼，反而更有一種觀察者的樂趣。

比如，坐在門邊的那個中年女人。她坐了好久，也沒點任何東西。她戴著一副老花鏡，翻閱著一摞又一摞的舊報紙，彷彿在尋找什麼蛛絲馬跡。她不時把其中一頁報紙撕下來，旁若無人地塞進書包，而那書包已經鼓鼓囊囊。

比如，坐在我旁邊的這位說英語的女士。她獨自眺望著窗外，而夜色中的維也納有一種混合了多種感情的都市感。我也順著她的目光望出去，只見對面巴洛克建築的屋簷上，聳立著幾尊雕像，這些雕像彷彿城市的守望者，注視著光陰流逝。

我點了沙拉、本地起司、維也納炸肉排和一杯湯尼缽酒。我低頭吃飯的時候，發現桌布下面有一張英文便箋，大概是上一位顧客留下的。

你嗜酒如命。你頭腦裡擺脫不了性的問題。你不務實事，整天消磨在高談闊論之中。你是一名流亡者，明白嗎？你在各家咖啡館來回閒晃。

——海明威，《太陽依舊升起》

我把它給了端酒上來的服務生。他看了一下說：「很多美國人來這裡。以前有部美國電影在這裡拍的。」

「哪部電影？」

「好萊塢電影，搞不清楚。」

後來，我查到這部電影是《愛在黎明破曉時》。

對於這家百年咖啡館來說，一部好萊塢電影的意義顯然算不上重大，它根本不屑把任何電影海報張貼出來。一切都盡量維持著一八八〇年的原貌——那是哈布斯堡王朝最輝煌的時代。

也許，對這片哈布斯堡王朝的舊土來說，唯一稱得上意義重大的是以柏林圍牆倒塌為象徵的冷戰的終結。正是它重新開啟了維也納作為「帝國」中心的地位。因為成為永久中立國，這種中心不再是政治意義上的中心，而是經濟和文化上的中心。

數目巨大的奧地利資本湧入斯洛伐克和匈牙利。火車、汽車之外，布拉提斯拉瓦和維也納之間還開通了一天數趟的快艇業務。我隨手翻閱咖啡館裡一份名為《法爾特》的週刊，發現其中專門有一版「鄰居」，向讀者介紹布達佩斯、布魯諾和布拉提斯拉瓦的演出及文化活動。再翻翻報紙旁邊的維也納電話黃頁，裡面有一半的名字是捷克人、匈牙利人、波蘭人或南斯拉夫人。如今，維也納就像中歐大地的樞紐——條條大路皆通「羅馬」。

哈維爾在一篇文章中談到「一種中歐心靈」：「它是懷疑的、清醒的、反烏托邦的、低調的。」流亡美國的波蘭詩人米沃什則相信，儘管在一些人眼中，中歐低於西歐，但「這個二等的歐洲，已經開始堅定地眺望最前沿」。

是的，維也納不再統治，但是它的商業和文化力量，鼓舞著這片土地。

只可惜茨威格死得太早。

第五章
中國「倒爺[2]」，騎行者俱樂部，土耳其浴室

1

東出維也納，火車就駛入了一片廣闊的平原。這裡陽光刺眼，鐵路兩邊皆是沾滿塵土的灌木。鐵路幾乎與多瑙河平行，但是河水並不在視野之內。只能展開想像的翅膀，想像這條長達二千八百公里的大河，蜿蜒流淌於歐洲大陸，像一條纖細的紐帶聯繫起眾多民族，卻從來無力將他們結成持久的統一體。

時空的轉換具有一種魔力，而火車就是轉換的載體。再沒有什麼比舒舒服服地坐在一輛高速行駛的火車上更令人心曠神怡了。儘管窗外的風景有時乏善可陳，但這也正是旅行的

2 中國改革開放初期百姓對黑市非法牟利商販的戲謔式敬稱。

目的之一。真正的旅行絕不僅是見證美妙的奇觀，同樣應該見證沉悶與苦難。僅僅是瞭解到「世界上還有人在這樣生活」，就足以令內心遼闊起來。一切終將隨風而逝，無論偉大與渺小，都將歸於塵土。比如眼前這片土地，曾經發生過多少波瀾壯闊的故事，如今卻平靜得如同暮年。

正是這片平原，浸透了戰爭的鮮血。這裡是匈奴人在「黑暗時代」、馬扎爾人在九世紀末、土耳其人在十六和十七世紀，以及俄國人在二十世紀進軍歐洲的路線。無怪乎在多瑙河中游的許多城市，城堡的遺跡依舊俯瞰著廣闊的平原。

仍然是透過手機訊號的轉換，我才知道自己已經進入匈牙利的土地。不知為何，以前總是覺得布達佩斯相當遙遠，遙遠得像一望無際的大草原上的一個金色帳篷。其實布達佩斯和維也納的距離只有不到三百公里，和帳篷也沒有太多關係。

我琢磨著我的印象究竟從何而來，想來想去，或許是因為匈奴人曾經征服過這裡，於是理所當然地覺得匈牙利人就是匈奴人的後代，而匈奴是和草原聯繫在一起的。

這當然只是眾多歷史誤會中的一個。法國學者勒內・格魯塞在《草原帝國》一書裡描述過匈奴的歷史。被漢朝擊敗後，匈奴分裂為南北兩部。南匈奴逐漸被漢族同化，而北匈奴的一部分向西遷徙。之後很長一段時間，他們消失在任何史書的記載中。直到三百多年以後，歐洲東部突然出現了一支強大的騎兵隊伍，自稱「匈人」。他們在首領阿提拉的帶領下，所向披靡，打敗了不可一世的羅馬人，在匈牙利的土地上建立了帝國。

古羅馬史學家希多尼烏斯・阿波利納里斯曾不無厭惡地談到這些短頭型的匈奴人：「他們有扁平鼻子（毫無輪廓），高顴骨，眼睛陷在洞似的眼眶中，銳利的目光時刻警覺地注視著遠方。他們習慣於環視廣闊的草原，能夠分辨出現在遠處地平線上的鹿群或馬群。當他們站在地上時，確實矮於一般人，當他們跨上駿馬，卻是世界上最偉大的人。」

正是這些馬背上的匈奴人，一度攻到了法國和義大利，令本已搖搖欲墜的羅馬帝國雪上加霜。如果說匈奴的兵力之強盛讓羅馬人驚呼他們是「上帝之鞭」，那麼匈奴帝國的衰落之迅速也同樣令人感嘆。阿提拉死後不久，帝國四分五裂，阿提拉之子的頭顱甚至在君士坦丁堡的一次馬戲表演上示眾。殘餘的匈奴人最終被趕出匈牙利平原，重新回到了他們世代遊牧的頓河地區。

真正創建今天匈牙利的，是發源於烏拉爾山一側的馬扎爾人。他們之所以能夠定居下來，而沒有像匈奴那樣向東潰散，很重要的因素在於他們皈依了天主教。傳說在公元一〇〇〇年，他們的領袖史蒂芬蒙受教皇賜予的王冠，這等於承認他是一位基督教的使徒國王。中世紀時期，「神聖王冠」本身就是一種民族團結的神祕象徵。

火車行駛在平原上，不時經過一些有商店、小酒館和客棧的集鎮。戴著頭巾的農婦們站在鐵路邊，注視著火車駛過。一些無動於衷的乳牛散落在牧場上，對火車的轟鳴充耳不聞。在七小時的電影《撒旦探戈》裡，匈牙利導演貝拉・塔爾拍攝的就是這樣的村莊。二十年過去了，情形似乎沒有任何改變。我知道，匈牙利的南面沒有天然國界，地形上亦無明顯變化，這意味著一望無際的平原和與之捆綁的生活方式將一直延伸到南斯拉夫境內——那裡的狀況也許更糟。

火車停靠在布達佩斯東站，一座宏偉而老舊的建築。這裡一定是匈牙利最民主的地方，因為只要假定乘車，任何人都可以自由出入：商人、小販、貨幣兌換商、酒鬼、閒人混雜一處，還有目光曖昧的女人，優雅地站在廊柱下，像在尋覓目標的獵手。這裡就像一個巴剎[3]，也充滿著巴剎的世俗熱情。我想起波赫士的詩集《布宜諾斯艾利斯的熱情》。在熱情方面，布達佩斯想必也毫不遜色。

沒想到走出車站最先看到的是「南京飯店」。戴著高帽的廚師正蹲在門外打電話，一口四川話，我對這家餐廳的信心一下子消失了。不過我很親切地想起童年時代看過的一部電視劇《多瑙河．黃太陽》。

如今還記得這部電視劇的能有幾個人？即便在無所不能的網際網路上，也已經查不到太多資訊。電視劇的具體情節早已淡忘，不過清楚地記得故事講述的是九〇年代初第一批來匈牙利當倒爺、做生意的中國人。匈牙利是當時唯一一個對中國實行免簽的中歐國家。

記憶最深的一幕發生在火車上：在那個茅塞初開的年代，一個下海的知識份子坐在西去的火車上。輪子的噪音單調得近乎催眠，窗外的風景迅速後撤，迎來充滿未知和希望的遠方。那個知識份子模樣的人坐在窗前，讀著一本很厚的書，大概是俄國小說——那是個文學年代，還不至於讀什麼卡內基的成功學。我感到，其中有一種宿命般的孤獨感。我甚至想，如果生在那個年代，我是否也會是火車上讀著俄國小說、背著廉價國貨的一員？

火車上時常隱藏著小偷和國際騙子，有時候貨和錢會被搶走，但是一旦到了布達佩斯，不管什麼東西，哪怕是夏天化了的口紅也會被搶購一空。被計畫經濟箝制了幾十年的人們，對基本物質生活的渴望如同洪水猛獸。

我曾經採訪過一個去匈牙利當倒爺的人，如今他已經回北京開了幾家餐廳。他說，當時自己從中國帶去成捆的白T恤，在布達佩斯隨便印個圖案，就能賣到兩美元。

「那不是在印T恤，那是在印鈔票！」時隔多年，他依然感嘆：「那時半夜數錢，常常數到一半就睡過去了，白天實在太累太辛苦了。」

「後來這些人怎麼樣了？」

「有些人賺了錢，有些人去了別的國家，有些人回國，有些人一直留在匈牙利。」

「那些蝕本的呢？」

「誰知道呢，好像就這麼消失了，再沒聽說過。」

人就是這樣在時代的鷹架上攀爬，幸運的爬了上去，看到了美麗的風景，倒楣的摔得粉身碎骨。

3 街市商店、小店、攤販，為英語bazaar的音譯。

2

我去了布達佩斯的四虎市場，這裡正是當年中國倒爺白手起家的地方。我乘坐的有軌電車穿行在市區，蘇聯時期的建築穿插著奧匈帝國的遺跡，感覺就像穿行在時空的馬賽克裡。天空高遠，白雲悠閒地俯視著城市。一切看上去井井有條，或者不如說過於井井有條。這著實有點出乎意料，我原以為一切都是亂糟糟的。電車轉彎時路過一座巨大的磚樓和一段廢棄的鐵路專用線，就來到了寫有碩大中國字的「四虎市場」，它正好坐落在鐵路、街道、破舊倉庫和工廠之間。

四虎市場的名字來源何處，如今已很難說清。一種說法是，當年創辦它的四個中國倒爺名字裡都有一個「虎」字，於是便以此名之。走在四虎市場裡，就像走在義烏小商品市場，到處都是便宜的中國商品。這裡空氣汙濁，但是如果路過一家香水攤，廉價的香水味便會撲鼻而來。市場裡到處是匈牙利人和其他東歐國家人，很多攤主是本地人，他們大概已經鋪開了中國的進貨管道。

四虎市場曾經是中東歐地區最大也是最早的中國商品集散地，每天來自各國的商人絡繹不絕，進出貨物的車輛排起長龍。

「生意最好的時候，國內的貨還沒運到，攤主就已經開始收錢了，」一個景德鎮來的青年對我說：「現在，馬馬虎虎。」

他的叔叔幾年前從一個老鄉手上盤下這個攤位，如今他們賣景德鎮瓷器，也兼營從浙江麗水運來的風景畫——他的女友是麗水人。

到了一九九五年，大部分中國人的生意開始走下坡路。那時候，周邊國家如波蘭、斯洛伐克、烏克蘭、羅馬尼亞等國，都陸續建立起自己的中國商品批發市場，這些國家的中間商不再需要到匈牙利進貨。儘管如此，還有一千多個中國攤位在維持營業，剩下的份額則被本地人、泰國人和越南人瓜分。

於是，四虎市場有了一種更為混雜的氛圍。那是一種融合了多種國籍、不同文化的「氣氛」，濃密得像掛滿冬衣的衣櫃。而且和所有在半封閉環境裡待得太久的人一樣，每個人的臉上都有一種幽靈般的神色。這是一個超越了時間約束的地點。外面的世界早已天翻地覆，而裡面還維持著二十年前的樣子。人們身上散發著舊沙發的色澤，和那些廉價商品一樣和諧。

景德鎮的青年告訴我，匈牙利當局有意打壓這裡，多次以「灰色清關」、「非法走私」為名，查抄中國商人的貨物。

「他們看上這塊地了，」景德鎮青年一臉機警地說：「這裡的位置很好，賣給開發商能賺一大筆錢。」

關於這個「聲名狼藉」的中國市場，報紙上確實已登出了幾種開發方案。其中包括建一個大型遊樂場、建一個電車廠，或者開發成一個高級的「中國社區」。無論哪種方案，四虎市場成為歷史都是遲早的事。

「如果有一天這裡被拆除了，你怎麼辦？」

「可能開一間餐廳。」

「沒想過回國？」

「想過，怎麼能沒想過？但現在匈牙利加入了歐盟和申根，以後這邊的機會會多一些。」

3

那天吃完早餐，我出門沿著多瑙河散步。布達佩斯剛剛睡醒，街道上鋪著一層毛糙的檸檬色的陽光。樹枝從岸邊伸出來，伸到河面上，河水遼闊而渾濁。有人曾因此問譜出《藍色多瑙河》的史特勞斯，為什麼多瑙河不是藍色？他回答：「如果喝了一公升的酒，多瑙河的確是藍色；要是喝了兩公升的話，你要多瑙河是什麼顏色，就是什麼顏色。」

——這個段子是在蔡瀾的書裡看到的。

我跨上橫跨多瑙河的鐵索橋，一艘小客輪正匆匆駛往下游，消失在橋洞底下。跨過鐵索橋是城堡山，山上是匈牙利過去的皇宮。我走上皇宮的觀景臺，上面有幾對相擁的情侶，風景確實非常浪漫。河風陣陣襲來，多瑙河像一條絲帶蜿蜒向南。遙望過去，對岸的佩斯坐落著一幢幢玩具似的房子，城市從河岸開始向遠處迤邐延展，直至變成輪廓朦朧的腹部。花盆一樣的瓦紅色中點綴著白色和青色，最後融入遠方玫瑰色的霧靄中。

風景缺少的只是讚美。

——切斯瓦夫·米沃什，〈風景〉

與布達相比，佩斯的開發相對較晚，大部分的城市建設完成於十九世紀，氣勢恢宏的議會大廈則建於二十世紀初期。整個大廈共有六百九十一個房間，二十七道門，樓梯總長達二十多公里。大廈四周的頂部佈滿哥德式的尖塔，其中最高的是正面兩側的白色尖塔，高七十多米。它的建築風格曾招來很多非議，甚至被英國旅行作家帕特里克·雷伊·費莫爾形容為「癲狂」。但我恰好覺得，這正是我心儀的匈牙利作曲家李斯特的作品裡所表現的氣質。那種匈牙利式的激情，澎湃得如一位狂放的虬髯大漢，手執鐵板，高唱大江東去。這也正是布達佩斯區別於維也納和布拉格的所在。

我徜徉在原來的皇宮、如今的歷史博物館前，不遠處是高高聳立的馬加什教堂——帝王加冕的地方。教堂看上去很新，因為是在原來的廢墟上重建起來的，原教堂早在十六世紀就被鄂圖曼土耳其的軍隊摧毀了。

放眼望去，眼前的宮殿、教堂，乃至橫越多瑙河的大橋都是戰火後重建的，但是不知何故，我仍能感到一種歷史的延續感。它們看上去並不虛假，而是與布達佩斯融為一體，與時間融為一體。

在皇宮門前，我碰到了一個匈牙利青年。他穿著短褲、T恤，戴著棒球帽，推著一輛山地車，正領著三個美國遊客參觀。經歷過二戰中的轟炸，皇宮早已化為一片瓦礫。匈牙利社會主義工人黨執政時決定重建皇宮，作為國家美術館對外開放。青年說，他的祖父是當年的建築師之一。

「我不得不告訴大家，當時沒有足夠的資金完全復原過去的輝煌，現在的皇宮在建築上是有缺陷的。」他指點著：「最明顯的是窗戶。你們可以看到，現在的窗戶只是玻璃，而真正皇宮的設計和雕飾都遠比這複雜得多。」

我們注視著玻璃，等待他繼續說下去。

「我想表明的是，你們今天看到的這個建築依然很偉大，但是對建築師本人來說，則是不無遺憾的。」

等他們休息的時候，我走上去和匈牙利青年攀談起來。他叫捷爾吉，是布達佩斯理工大學建築專業的學生。我問他做導遊是不是利用業餘時間打工賺錢，他笑著搖頭。

「我屬於一個城市導覽俱樂部，」他說：「我們俱樂部的宗旨是推廣匈牙利文化，為外國遊客提供免費導覽。」

他告訴我，現在很多旅行手冊上都有他們俱樂部的介紹，只需在網站上註冊，告知希望講解的景點，俱樂部就會派人與遊客接洽。

「你是騎山地車來的？這是你們俱樂部的風格？」我問。

他笑著說：「不，騎車是因為我屬於另一個俱樂部，一個騎行俱樂部。」

「這麼說你加入了不少俱樂部？」

他頗為自豪地告訴我，這是現在布達佩斯人的時尚：加入某種俱樂部，獲得一種社會身分。

「一種社會身分？」

「比如我們加入了騎行俱樂部，我們的社會身分就是『騎自行車的人』。因為這一身分，我們就有了某種相同的觀點和訴求。隨著人數的壯大，我們就會要求政府為我們提供相應的場地，或者在修路時考慮到我們的需求。」

「除了騎行者的身分，還有什麼身分？」

「很多，我們每個人都希望擁有一個主業之外的身分，一個公共層面的身分。」

我看著捷爾吉，覺得他不像在開玩笑。透過哈利．波特似的鏡片，他的眼睛閃爍著誠懇的光芒。他描繪的「社會身分」讓我感到吃驚。一個國家的年輕人如果都以擁有「公共層面」的身分為榮，那麼這個國家無疑是充滿希望的。我問捷爾吉未來有什麼打算。

「申請去美國讀書。」

「為什麼不留在匈牙利學習？你們有這麼多偉大的建築。」我指著他祖父參與修建的國家美術館。

「必須去美國讀書，匈牙利人才認可你的能力。」
「匈牙利人都這麼認為？」
「是的。」
我嘆了口氣，因為總算找到了匈牙利和中國的共通之處。

4

在一本書上，我曾看到匈牙利作家哲爾吉・康拉德這樣說：「就像在紐約一樣，人們在布達佩斯也可以看到新的與舊的、殘破的與重建的、大賣場與小商家的完美結合。」

我想，康拉德指的一定是佩斯。因為當我遊蕩在佩斯的大街小巷時，我的確感受到了一種時空交錯的「並置感」，一種清醒與夢境交織的氛圍。

我在盧卡奇咖啡館（Lukács）喝了一杯咖啡，這裡過去是匈牙利祕密警察的總部。如今，瓷質的裸女在大理石壁爐上靜靜梳頭，匈牙利女子們三五成群地進進出出。我拿著地圖尋找李斯特的故居，卻迷失在縱橫交錯的小巷裡。就在要放棄的時候，赫然發現身後的公寓門上掛著一塊銅牌，上面用德語鐫刻著：「法蘭茲・李斯特，週三、週四、週六，下午三點至四點在家。」

我看了看錶，發現來得正是時候。我想像著這麼推門進去，穿過長長的走廊，看到一頭長髮的李斯特正在招待朋友們咖啡和沙哈蛋糕。然後，他坐到鋼琴前，隨手彈出一首《匈牙利狂想曲》的主題部分。

「你們覺得怎麼樣？」他問眾人。

我相信過去不曾終結，它仍然在另一個維度上運行。通過舊房子、舊書、舊照片，我們得以窺視那個維度裡的吉光片羽。我走上博物館街，周圍十分寧靜，只有樹葉在人行道上方颯颯作響。街邊是櫛比鱗次的舊書店，一家挨著一家，至少綿延一公里長。這裡是中歐地區最長的舊書一條街。

我走進一家舊書店，埋首在故紙堆之中的老闆抬起頭，從鏡片上方打量我。他像老學究一樣地舔了下手指，然後繼續翻閱手裡的書。大部分的書都是匈牙利文，那種類似法國十九世紀的硬皮金邊裝幀，書頁早已泛黃。我不時抽出一本書，猜測它們的內容，那些像謎一樣的字母充滿了神祕的誘惑。

匈牙利語是世界上最難學的語言之一，它的動詞不僅可以根據主語變位，也可以根據賓語變位。這一屋子的匈牙利語書籍該埋藏著多少知識和祕密啊？而它們卻像寶庫的石門，拒絕對我開放。

終於，我在唯一一個英文書架上找到一本一九三五年倫敦出版的毛姆寫的《在中國屏風上》，品相俱佳，只要八百福林，相當於人民幣二十二塊錢。

付帳的時候，老闆又一次從鏡片上方打量我。

「中國，中國，」他邊念叨邊找錢，「對我來說很遙遠。」

「對我來說，匈牙利也很遙遠。」

「你是做什麼的？」

「寫字的。」

「以寫字維生？」

「以寫字維生。」

「你應該寫寫匈牙利，你知道為什麼？」

「告訴我……」

「我退休以前一直在國家圖書館工作。國家圖書館有一個目標：蒐集世界上所有關於匈牙利的書，無論它們是用什麼語言寫成的。」

我靜靜等待下文。

「只要發現這樣的書，我們就會收藏六本。」老闆笑呵呵地說：「如果你寫關於匈牙利的書，我敢保證，你至少可以賣出六本！」

「我想我得先學會匈牙利語，才能寫出一本真正有價值的書。」

「學吧，年輕人，如果你有志於此。」

「匈牙利語太難了。」

「交個匈牙利女朋友。」他狡黠地看著我，就像剛剛吐露了成功的奧祕。我告訴他，我相信這是我學會匈牙利語的唯一辦法。

當我走出昏暗的舊書店，陽光正在馬路上跳躍。熠熠閃光的雕像和路邊長椅映照著老房子高高的穹頂和白色的木質窗櫺。行人來往匆匆。路邊的咖啡館裡，人們或是聊天，或是發呆。一個迎面而來的老婦人對我露齒一笑，這樣的機緣是怎樣修來的？

眼前的一切就像一個懶洋洋的夢境，有一種不真實感。布達佩斯就像被分隔成許多很短的片段，斷斷續續地拼貼成一幅油畫，而我在這幅油畫裡分辨著城市的隻言片語。這是旅行者的工作，也是樂趣所在。

人們與一個城市分享的愛往往是祕密的愛。

——卡繆，《阿爾及爾之夏》

我試圖在這幅油畫裡尋找鄂圖曼土耳其的痕跡。土耳其人統治匈牙利長達一百五十年。一五二〇年，當蘇萊曼一世成為鄂圖曼土耳其的蘇丹，他馬上揮師奪取了貝爾格萊德。此後，他開始步步推進，於一五二九年攻佔了布達。他摧毀了匈牙利人的城堡，建起了土耳其人的浴室。這些浴室最初是為了緩解土耳其士兵的思鄉之情而建，卻在布達佩斯繁榮起來，並被匈牙利人發揚光大。現在，布達佩斯還保留著至少十五家巨型溫泉Spa，它們建於不同時期，風格各不相同，但無一例外都面向公眾開放。

我決定去塞切尼溫泉消磨掉這個漫長的下午。塞切尼溫泉建於一九一八年，它的規模巨大，能容納上千人共同洗浴。我的意思是，也確實有這麼多人湧進了塞切尼溫泉……人們在門口排起長隊，翹首以待。很難想像，這支浩蕩的多國部隊都是前來幹「洗澡」這同一件事的。隊伍中有高貴的紳士和優雅的淑女，也有普通的工薪階層和難掩興奮的遊客。過不了一會兒，一切象徵身分和階級的外飾都將被脫光。在男女混泳的溫泉池裡，人們將素面相見，只有身材決定一切。我突然明白了，為什麼浴室會成為古希臘最重要的公共空間。

門口站著兩位凶神惡煞的保安，等一定數量的人出來了，他們才放同等人數的人進去。

「怎麼樣？怎麼樣？」一些遊客迫不及待地問剛從溫泉出來的人。

「不可思議！」

這話更激起了人們的好奇。他們摩拳擦掌，躍躍欲洗，彷彿就要上場的運動員，準備洗他個昏天黑地。

終於輪到了我們這撥兒。我花費了相當於人民幣一百塊錢買了門票，發現迎接我的是一個長達一公里的環形更衣室，半個圓弧是男士更衣室，另外半個圓弧則歸女士所有。

我換上泳褲，走到室外。在湛藍的天空下，象牙色的新巴洛克建築環繞著兩個巨型戶外溫泉池，中間是幾條標準泳道。孩子們爭先恐後地在「旋轉走廊」型的池子裡衝浪；情侶們在溫泉中相擁接吻；幾個大學生模樣的人泡在溫泉裡喝啤酒；兩個男人在對弈國際象棋；

還有一些人坐在岸邊，一邊看書一邊啜飲雞尾酒。到處是歡聲笑語，正是這種自由隨意的日常生活氣氛，讓塞切尼溫泉顯得與眾不同。

我先在游泳池裡遊了兩千米，感到肌肉緊繃繃的了，就跳到溫泉池裡放鬆。我半躺在水上，感受著從池底噴出的水柱打在背部的酥麻感。我仰望身邊口吐泉水的天使，他張著翅膀，臉上肉嘟嘟的，有一種調皮的表情。順著他的目光，可以環顧教堂般的塔樓和四周黃色的圍牆。

此時，落日像小巧的髮夾，別在城市的肩頭，把塔樓和圍牆染成一片金色。有一段時間，溫泉池也是一片金光燦爛。我閉上眼睛，感到思緒漸漸抽離出來。微風掠過圍牆吹拂著我，圍牆外是城市花園，是英雄廣場，是店鋪林立的安德拉什大街，沿著它就可以一路走到多瑙河。

我又泡了一會兒，然後淋浴出門。大門外，路燈一盞接一盞地點亮了。起初只是像蠟燭一樣顫動的光，似乎一陣風就能吹滅。不一會兒，跳躍的光點就變成了一片炫目的黃色光幕。我沿著安德拉什大街尋找吃飯的地方，由於剛游完泳，雙腿有一種空蕩蕩的疲憊感。我一邊沿街而行，一邊瀏覽櫥窗，夏日的黃昏和身邊的路人使我感到欣快。華燈初上之際，人們總是顯得行色匆匆，他們都在趕往什麼地方，美餐一頓，喝上一杯，然後去找點樂子。

我走進一家看上去不錯的餐廳，點了古拉什（Goulash）和高麗菜肉捲。古拉什是中歐地區的一道名菜，在很多餐廳都能點到。不過捷克和斯洛伐克的古拉什是馬鈴薯燉牛肉，而在匈牙利則是牛肉濃湯。我一邊喝湯一邊想到，赫魯雪夫曾在匈牙利的群眾集會上說，實現了共產主義，匈牙利人民就可以經常吃到古拉什了。「馬鈴薯燉牛肉共產主義」就是這麼來的。

為了超越共產主義，我又要了一瓶冰鎮的托卡伊貴腐葡萄酒，這是我來匈牙利一直想喝的一款酒。用來釀這種酒的葡萄是最甜的一種。等葡萄熟透了，在樹上曬成被貴腐菌良好感染的蔫葡萄，再由人工一粒一粒摘下。釀製這種葡萄酒所花費的工夫要比一般葡萄酒多出數倍，有時一棵葡萄樹只能釀出一小杯，所以價錢較一般葡萄酒也昂貴許多。

在中國，這種酒的價格常常高得離譜，但在原產國匈牙利則完全處在可消費的範圍內。這種酒至少在木桶內存放兩年、瓶內一年，倒入杯中是一種奇香無比的琥珀色液體。我一邊吃著味道濃郁的古拉什和肉捲，一邊呷著冰鎮的貴腐葡萄酒，游泳之後的疲憊感漸漸消失，於是開始著手制訂未來的計畫。

既然不再感到疲勞，並且已經體驗了布達佩斯最迷人的吃食和溫泉，我大可以繼續向下一個目的地進發了。我琢磨著去一個相對靜謐的小城市，比如盧比安納。在那裡不必跋山涉水，因為城市十分袖珍，所有地點都能步行抵達。白天，我可以在咖啡館裡看書。晚上大吃一頓，然後四處走走。盧比安納離布萊德不遠，我可以找一個白天，去那邊清涼透明的湖裡游游泳。我覺得這個計畫不錯，而且從布達佩斯就有直達盧比安納的火車。

我感到非常開心，當你想去什麼地方就能夠辦到的時候，那種快樂是發自內心的。於是我將飯菜一掃而光，喝光了一瓶葡萄酒，付了飯錢和小費，重新回到街上。雖然還是夏天，可夜晚的空氣十分涼爽。深夜時分，安德拉什大街上仍有電車駛過，劃出一道閃亮的光線。電車上幾乎空無一人，我坐上去，感到它彷彿正沿著歷史長河逆流而上。

我在電影院門前下車，買了一張伍迪·艾倫的新片《愛在羅馬》的電影票。中國從來沒有引進過他的電影，因此在看了二十六張盜版DVD後，我很榮幸能夠為老頭貢獻一次票房。

從電影院出來，我步行回酒店。酒店在多瑙河邊上，緊鄰著索菲特酒店。因此，當我看到酒店附近站著不少女子，操著英語跟我打招呼時，並不感到奇怪。

一個女子走過來，問可不可以跟我一起回房間。

我隨口告訴她，我妻子正在房間裡等我。

她說：「那可以去我的地方。」

「哪裡？」

「不遠，離這兒很近。我喜歡你。」

「是嗎？妳是匈牙利人？」

「羅馬尼亞。」

她肯定還不到二十歲，瘦小得像一隻羽毛未豐的雛鳥。她穿得很少，看上去很冷。我掏出五十歐給她，讓她去買點東西吃。

她詫異地盯著我：「你不想和我上床嗎？」

我說我不想。

她突然動作激烈地把錢推開，目光中帶著受傷的怒火。

「走開！」她喊道。

從旁邊的花壇旁，走出一個匈牙利男子，嘴裡叼著菸。

「什麼情況？」他瞪著眼質問我，「你跟她說什麼了？」

「什麼都沒說。」

他跟羅馬尼亞女子說著什麼，我一句都聽不懂，可卻感到自己處在一種非常荒誕的境地。在布達佩斯，在這樣的夜晚，一切看上去都那樣美好：皇宮在對岸的城堡山上熠熠放光，天空是一種深邃的寶藍色，一朵朵灰色的雲像河水般流逝。

他們還在說著什麼，而我已打定主意離開。沒有人攔住我，也沒有人繼續招攬生意。我一路走回酒店，門房向我問好。我上電梯，拿出鑰匙，擰開門，看到月光正明亮地照在我的床上。

第六章

揮之不去的飢餓感，分裂的南斯拉夫，湖底的鐘聲

1

從布達佩斯到盧比安納，火車正午發車。天氣悶熱，我坐在靠窗的位子上，把窗戶打開，期待車開後有風灌進來。

離發車還有二十分鐘，我去車站外面買啤酒和水，回來後發現車廂裡又多了一男一女。我們打了個招呼，他們的口音很難懂，使我打住了繼續搭話的念頭。我坐回位子上，打開啤酒，他倆則在靠門的位子上相對而坐。

火車開動以後，果然有一些熱風倒灌進來，外面的風景卻乏善可陳。於是我把注意力移向了我的「室友」。他們看上去像一對情侶，大約二十多歲，女孩的眉眼很淡，栗色的頭髮剛夠紮成一束馬尾辮。她的身材很勻稱，皮膚白淨，是個招人喜歡的女子。男人的鬍渣很

重，頭髮之前剃光過，不過已經長出短短的一層。他的眼睛很大，眼窩深陷，有點像希臘人。他們相伴而行，但幾乎從不交談。只有一次，女子在睡覺的時候把光腳伸到男人大腿旁邊的座椅上，男人就在她的腳背上捏了捏，女子閉著眼睛微笑——僅此而已。如果不是之前打過招呼，我可能會懷疑他們是聾啞人。

火車一路向西，經過一些荒涼的村莊。村莊與村莊之間，不乏大片荒地。一些農民坐在鐵道邊，注視著火車，火車開得很慢。在這個匈牙利的午後，無論是火車還是農民，都顯出一副無精打采的神色。

我拉開第二罐啤酒的時候，車廂門被推開了。在陡然加倍的噪音裡，一個背著大旅行包的亞洲青年走了進來。

多次和日本人相遇以後，我總結出了在國外分辨他們的三種方法：一、他們把sorry念成soli；二、他們人手一本日本大寶石出版社的《走遍全球》；三、或者說是一種天賦亦可，他們總能在鳥不拉屎的地方，找到極為正宗的日本料理。

我想起幾年前在中亞的塔什干旅行時，曾跟隨一個日本人找到一家拉麵館。外面大雪紛飛，拉麵館裡坐滿了日本人。拉麵做得十分出色，出色到讓人覺得再推門出去就是北海道。可是，這一屋子形色各異的日本人，究竟是怎麼不約而同地找到這裡的呢？實在讓人摸不著頭腦。

日本青年進來以後，那個女子醒了。她發了一會兒愣，然後從背包裡掏出一個藍色塑膠袋，裡面有兩個塑膠飯盒。一個飯盒裡裝著摻了小米的蔬菜沙拉，另一個飯盒裝著切片蘋果。她又變出一袋麵包和一塊奶油，用餐刀把奶油塗抹在麵包上，再蓋上一層小米蔬菜沙拉。她獨自吃著，而男人坐在對面看書。過了一會兒，他闔上書，我以為他要和女子一起吃飯了，然而他只是起身從行李架上拿出一袋餅乾。那咯嘣咯嘣的咀嚼聲，讓我想像得到那是一種難以下嚥的感覺，可女子並沒有把她的美食分給男人一點。

女子繼續睡覺，醒來就拿出一些零食吃。男人除了睡覺就是看書。他們一句話也沒說過，沉默得就像窗外空蕩蕩的大地。

日本青年已經戴上耳機睡得昏死過去，手邊攤著一本《走遍全球・中歐》。他穿著墨綠色的軍褲，一雙套著灰色棉襪的腳丫無情地搭在我旁邊的椅子上——是那種五趾分開的襪子。

我試著把目光移向窗外，透過手機訊號，我知道我已經進入斯洛維尼亞境內。火車正沿著阿爾卑斯山脈的邊緣行駛，翻過這些褐色的群山就是奧地利。

我的思緒飛到了維也納漂亮的咖啡館和美味的蛋糕上。那些蛋糕都不貴，濃郁的黑森林，還有蘋果塔。我感到有點餓了。早餐以後，除了三罐啤酒，我幾乎沒吃任何東西。一時間，我很後悔沒帶一點吃的上來。我本該在布達佩斯的麵包店裡買一個大麵包的，此刻我幾乎可以想像出那帶著微微煙燻味的棕色麵包皮的味道了。

飢餓是有益健康的，在你飢餓的時候看畫確實是看得更清晰。然而吃飯也是很美妙的，你可知道此時此刻該上哪裡去吃飯？

——海明威，《流動的饗宴》

我看到兩隻在樹林裡踱步的小鹿。它們看上去那麼小，可能還不到一歲。我對自己說：「好吧，如果能看到阿爾卑斯山和小鹿，那生活就還不算太壞。」

火車在一些荒涼的小站停靠，其他車廂的旅客陸續下車，留在車上的人越來越少。我看到一些背影，獨自拉著箱子走出車站，另一些人則和親友在站臺相擁。這是再平常不過的場景，其中卻包含著生活的一切。

我望著窗外崎嶇不平、孤獨荒涼的鄉村，知道這裡曾經屬於南斯拉夫。在更久遠的過去，則處在神聖羅馬帝國的統治之下。十三世紀末，哈布斯堡家族控制了這裡。從那以後，斯洛維尼亞人和奧地利人和平相處，甚至被冠以「說斯拉夫語的奧地利人」的稱號。長期以來，他們對哈布斯堡家族的忠誠都比建立一個獨立的大南斯拉夫的想法更根深柢固。

一九一七年，斯洛維尼亞宣佈在奧匈帝國內部建立一個南斯拉夫國家。然而，第一次世界大戰導致帝國覆滅，斯洛維尼亞隨後選擇了一條更為激進的道路。它聯合塞爾維亞王國建立了「塞爾維亞、克羅埃西亞和斯洛維尼亞王國」，一九二九年改稱南斯拉夫王國。一九四五年，斯洛維尼亞成為南斯拉夫聯邦人民共和國的一個加盟共和國。

在一個車站，火車停了很久，我看看錶，已經是下午六點，盧比安納還在遙不可及的地方。這時，列車員推門進來。他是個禿頭，穿著明顯大一號的制服。他說，因為人太少，他們要拆下兩節車廂再繼續走。他揮了一下手，像是要趕走一隻討厭的蚊子：「好事是天不會那麼熱了，雨很快就來。」

果然，積雨雲已經在傍晚的天空堆積起來，空氣中飄浮著一股土腥味。不是土腥味，更像是森林和沙土混合的氣息。火車重新開動時，我們車廂裡的女子走到過道上，把窗戶完全打開，風一下子灌進來，劇烈撩動著她額前的頭髮，也讓我深深呼吸到了一口斯洛維尼亞的空氣。

男人站起來，走到過道上，從後面緩緩地攬住了女子的腰，下巴輕輕抵在她的肩膀上。我不知道他們有沒有說話，風聲和齒輪聲吞沒了一切，但是那一幕非常像在電影中才會出現的畫面。

很好，我想，不是嗎？一切都很好，除了揮之不去的飢餓感。

這時，日本青年一躍而起，帶著精心策劃的從容，從行李架上拿下來一個塑膠袋，打開之後，竟是兩盒日式便當——一盒是壽司，一盒是關東煮。他移到我對面的餐桌上。精緻的便當，看上去像是上天賜予的禮物。他帶著滿意的表情打開壽司盒，裡面有一雙筷子。他拿出手機拍照，雨水順著窗縫濺到我裸露的胳膊上。他又躥起來，拿下來一個礦泉水瓶，裡面是琥珀色的啤酒。

車廂的頂燈突然滅了一盞，昏暗之中，連閱讀也不可能。我只好看著窗外，聽著日本青年小口呷著啤酒。萬里之外，中國海監船正和日本海警在釣魚島海域對峙，我毫不懷疑此刻就是中日關係史上最差的時刻。

我回憶著我在布達佩斯吃喝的情景。離開的前夜，我喝著上好的埃格爾公牛血葡萄酒，吃著加了芥末的煙燻香腸配米飯，米飯上澆了一層洋蔥燉匈牙利小牛肉。之後，我就著甜點喝完那瓶葡萄酒，又叫了一小杯濃縮咖啡。我慢慢地吃喝著，並且相信一切都沒什麼大不了。

我這樣想著，慢慢感覺好了許多，對於眼前的一切我可以做到熟視無睹。雨仍然下著，有一種不緊不慢的態度。我只是希望火車到達盧比安納時，雨能夠停止，這樣我就不用在夜色中冒雨尋找旅館了。

夜幕早已降臨，除了一些山峰和建築的輪廓，我已分辨不出窗外的風景。對於盧比安納，我幾乎全無瞭解。我希望我能找到一家不錯的餐廳，好好吃上一頓。這就是我想的全部，對我來說，這就是生活的全部。

我閉上眼睛，等待火車到站。可當火車真的到站時，我卻感到它還會繼續前行。因為我心目中的終點站總是開闊而且熙熙攘攘的。當同車廂的人開始收拾行李，準備下車時，我才知道這個小小的昏黃的車站就是盧比安納。

我拖著行李走出火車站，雨已經停了，空氣清新而濕潤。我站在馬路邊上，沒有任何方向。但我知道，在這個涼爽的夜晚，在這個世界的角落，我總歸會擁有一張床和一桌豐盛的晚餐。

> 姐姐，今夜我在德令哈
> 這是雨水中一座荒涼的城
>
> ——海子，〈日記〉

我後來才發現，盧比安納一點也不荒涼。

2

第二天，我花了一個上午在城裡遊蕩，走過遍佈餐廳、綠樹成蔭的河邊，穿過縱橫交錯的小巷，隨意走進感興趣的店鋪。每當失去方向感，我就抬頭看看山頂的盧比安納城堡，它總是像海岸線上的燈塔一樣可靠。雖然是首都，盧比安納卻給人一種袖珍小鎮之感。這大概是我去過的最小的首都，花了不到兩個小時，我就將整個城市走了一遍。

在歐洲旅行，走路成了我最常用的交通方式。因為歐洲城市大都非常適合走路，人行道寬敞，空氣新鮮，走累了隨便進入一家路邊的咖啡館，喝一杯蒸餾咖啡振作精神，就可以繼續上路。

在盧比安納走路，時常感到它的建築風格受到了鄰國奧地利和義大利的影響。實際上，這座城市的歷史也時常被鄰國改寫。二戰期間，盧比安納一度被義大利吞併，成為盧比安納省。佔領當局拉起一道三十公里的鐵絲網，將城市完全封鎖起來，希望借此抑制如火如荼的地下抵抗運動。義大利投降後，德國納粹取代了義大利人。直到一九四五年五月，斯洛維尼亞遊擊隊才解放了這座城市。

作為一個小國，斯洛維尼亞一方面竭力保持本土文化，一方面也不得不積極收納其他國家的文化因子。正如米蘭·昆德拉所說，生長於一個小國有時候是一種優勢。因為身處小國，要麼做一個可憐的、眼光狹窄的人，要麼成為一個廣聞博識的「世界性的人」。

在這個意義上，盧比安納顯然是那個「世界性的人」。這裡有來自世界各國的遊客，河畔的街道上遍佈著世界各地的美食。比如，前一天晚上，我就在巴爾幹菜、印度菜和義大利菜之間徘徊良久，最終選擇了印度菜。

也許是過於飢餓的原因，我覺得那家印度餐廳相當夠味。當我吃著剛從饢坑裡拿出來的烤饢時，感到再沒有什麼地方比這裡更適合作為一天旅行的終點了。

此刻，我沿著廣場向南前行，一直走到三橋才駐足。一個三重奏樂團正在橋上演奏，樂聲中可以看到淺橙色的方濟各會報喜教堂。遊客們在橋畔拍照，在他們身旁，墨綠色的河水穿城而過。

我站在橋上，手扶著大肚瓶般的白色石柱，想到三橋是斯洛維尼亞建築師尤利・普雷契尼克的傑作。普雷契尼克是斯洛維尼亞最著名的建築師，也是歐洲最好的城市設計師之一。他那淺顯卻獨具魅力的建築語言，在盧比安納的諸多建築上體現得淋漓盡致。普雷契尼克之於盧比安納，就如同高第之於巴塞隆納。

普雷契尼克早在維也納和布拉格時就功成名就，但在二十世紀二〇年代，他還是選擇回到盧比安納。他被賦予重新規劃設計整座城市的使命，這幾乎是任何一位建築師夢寐以求的工作。普雷契尼克的成就遠遠超出家鄉父老的期待。人們用「普雷契尼克的盧比安納」來稱呼這位建築師留下的寶貴遺產。

普雷契尼克首先改建了自己每天經過的街道。因為「我只知道一條道路：穿過弗蘭西斯科橋的那條——可即便是這條路，因為城市的無趣，我也更喜歡在晚上走」。他重新規劃街道、廣場和河堤——在此之前，盧比安納幾乎從未經過設計。

普雷契尼克賦予了盧比安納全新的外觀：蒂沃利公園、國會廣場、中央市場。如今，他設計的許多建築依然是這座城市的地標。他有意識地從傳統中尋找靈感：從古代遺跡中，從義大利人留下的巴洛克建築中，追尋美的源流。他將古羅馬奉為城市規劃的經典，試圖把盧比安納設計成和古羅馬一樣的都市。與此同時，他也從斯洛維尼亞的山地傳統中汲取養分。

二十世紀五〇年代以後，普雷契尼克一度被認為古板過時，但直到去世前，他都沒有停止過工作。七〇年代，後現代主義者重新發現了普雷契尼克的獨創性，驚嘆於凝聚在他建築上的那種傳統與創新的張力。「普雷契尼克的盧比安納」成為現代都市「懷鄉」的典範之作。因為在這裡，人們可以找到十九世紀城鎮、巴洛克建築、中世紀城鎮，乃至古羅馬的影子。

普雷契尼克從不用熱水洗澡，他家裡也沒有任何供暖設備。他討厭舒適的座椅，認為舒適是工作的天敵。去世後，他被提名聖徒，但遭到梵蒂岡的拒絕。因為他同時和兩位女士長期保持通信關係。不過，就像柴可夫斯基和梅克夫人一樣，普雷契尼克與這兩位女士也從未謀面。

> 我們不會獨自死去，因為從的里雅斯特一直擴展到波羅的海的溫和的巴洛克地區，被模糊地稱作「中歐」的地區，將會和我們一起滅亡。克羅埃西亞、捷克、斯洛伐克、匈牙利和波蘭，將會和我們一起滅亡。甚至還得加上巴伐利亞。是的，所有民族和人民都不可磨滅地打上了中歐文化的烙印。
>
> ——馬爾堅・諾讓奇

二戰以後，斯洛維尼亞成為狄托領導的南斯拉夫的加盟共和國。狄托的母親是斯洛維尼亞人。在南斯拉夫聯邦裡，斯洛維尼亞是生活水平最高的國家，為那些南部欠發達地區做出的貢獻最大。到了二十世紀八〇年代，整個南斯拉夫陷入經濟困境，各地區發展水平的不平衡也為這種緊張態勢火上澆油。盧比安納和貝爾格勒之間多次出現緊張局勢。

這種分歧在八〇年代末到達頂峰。一九八九年一月，斯洛維尼亞誕生了一個獨立政黨。在由共產黨執政的國家裡，這種情況尚屬首次。一年以後，斯洛維尼亞中斷了與南斯拉夫的一切聯繫，克羅埃西亞不久也步其後塵。兩個國家隨即宣佈獨立。斯洛維尼亞想擺脫一個不再需要的體制，結果運氣不錯，輕易就達到了目的，而克羅埃西亞和塞爾維亞的衝突則綿延至今。

某種程度上，斯洛維尼亞擺脫了一個巨大的泥沼。這在盧比安納身上表現得尤為明顯。盧比安納是靜謐的、乾淨的、緩慢的、明亮的，當你走出遊客區，走進盧比安納人的日常生活區，那種悠然的氛圍簡直令人驚嘆。無論從哪個層面看，盧比安納都更接近中歐，而不是巴爾幹。這塊阿爾卑斯的山間谷地，如同整個中歐的縮影。

我鑽進一家街邊書店，這裡有一排書架全是斯洛維尼亞作家的作品。相比於其他語言的書，這些書的價格更高，而且用斯洛維尼亞語寫作意味著只能擁有很少的一部分讀者，意味著辛苦寫出的書很可能在書架上落滿灰塵。

前南斯拉夫作家丹尼洛·契斯說，他們付出這樣高昂代價的唯一目的就是為了抵抗「句法的流亡」。作為少數民族作家，他們不僅是在使用詞語，他們是在運用整個存在，運用民族精神和神話，運用記憶、傳統和文化來寫作。對他們來說，語言就是命運——一個民族的命運。

這就是為什麼詩人弗蘭策・普列舍仁的紀念碑會高高聳立在盧比安納的廣場上。他是第一個真正意義上用斯洛維尼亞語寫作的詩人。普列舍仁的大部分詩作是愛情詩。此刻，他的繆斯尤利婭・普利米奇的半身像就在廣場遠端一所公寓的褐色窗戶中凝望著他的雕像。不過，現實很殘酷，尤利婭絲毫沒有被普列舍仁的熱情感動，她選擇了擁有金錢和地位的商人，而不是比她大三十歲的詩人。普列舍仁依然癡心不改地為她寫作，不過到了晚上，他就步行到河畔的酒吧，讓烈酒和酒吧女郎撫慰他受傷的心靈。

3

我買了一本普列舍仁的英譯詩集，準備在去布萊德湖的路上隨手翻翻。在普列舍仁筆下，布萊德湖是一個被稱為「天堂印象」的地方。布萊德湖位於盧比安納的西北，是斯洛維尼亞最著名的湖泊，也是朱利安阿爾卑斯山脈腳下的度假勝地。阿爾卑斯山積雪融化的冰水和山間流淌的清泉不斷注入湖中，讓透明的布萊德湖看上去像是阿爾卑斯山的一滴眼淚。

湖水確實埋藏著悲傷的傳說。據說一對年輕夫婦曾在湖邊居住。後來，丈夫去參軍，戰死沙場。悲傷欲絕的妻子變賣了所有家產，鑄了一口大鐘，捐給湖心島上的教堂。就在大鐘裝上船，從湖邊運往湖心島時，狂風掀翻了船隻，大鐘沉落湖底。所以直到今天，人們還能隱隱聽到來自湖底的鐘聲。

人類究竟是出於什麼樣的心情，創造出這樣的故事？恐怕是對美好易逝的傷感吧。就像我們到一個陌生而美麗的地方旅行，總會有那麼一瞬間，心中惶然地意識到，眼前的好日子終會結束，再美麗的地方也終須一別。我們拍照片，寫日記，和心愛的人一起鎖上同心鎖，甚至等而下之地在牆上刻下「到此一遊」，無不是為了留住那轉瞬即逝的美好。這樣，等我們回到庸常的生活後，那些曾經的美好就會像來自湖底的鐘聲——腦海中揮之不去的鐘聲——輕輕地迴盪。

在湖心島的教堂裡，的確有一口重達一百七十八公斤的大鐘，是一位大主教捐給教堂的。布萊德人說，年輕的情侶們在這裡敲鐘許願，能使愛情天長地久。於是，真的有很多情侶來這裡許願，湖心島教堂也成了舉行婚禮的勝地。

我走在岸邊，正好看到一對新人蕩著小船，駛向湖心島。新娘的白色婚紗，映著天藍色的湖水，格外引人注目。攝影師站在旁邊的另一隻小船上，對著新人不斷按下快門。

從岸邊碼頭駛向湖心島的小船只要十歐，於是我也雇了一艘，一路蕩漾過去。湖風清新，讓人心曠神怡。湖水透明，一群群黑色小魚，在眼皮底下東游西竄。到達湖心島時，那對新人正在教堂前拍照。攝影師驟然增多了不少。原來，島上的遊客也自發加入，拿出自己的長槍短砲，起勁兒地拍起來。新人倒是頗顯鎮定，彷彿明星一般，在鏡頭前擺出各種姿勢。新郎甚至抱起新娘轉圈。眾人紛紛退後，兵荒馬亂地把相機調到連拍模式，再搶佔有利位置繼續拍照。湖光山色和愛情，謀殺著人們的膠捲，一切看上去都充滿了喜感。只有船把式[4]悠然地坐在船頭，在陽光下瞇縫著眼睛，對一切早已司空見慣。

經過長期苦旅行而彼此不討厭的人，才可結交做朋友。結婚以後的蜜月旅行是次序顛倒的，應該先同旅行一個月，一個月舟車僕僕以後，雙方還沒有彼此看破，彼此厭惡，還沒有吵嘴翻臉，還要維持原來的婚約，這種夫婦保證不會離婚。

——錢鍾書，《圍城》

這時，幾個水淋淋的年輕男女從湖裡爬了上來，他們大概是從岸邊徑直游泳過來的。他們東張西望地看著熱鬧，想跟隨參加婚禮的人群一起進入教堂，結果被工作人員攔了下來。

「對不起，衣著不整不能入內。」

這些人都穿著泳衣，頭髮滴著水。「行行好吧，我們好不容易才游過來的。」

「教堂的規定，我也愛莫能助，抱歉。」

幾個人竊竊私語，似乎在商量是不是游回去拿衣服，最後他們走向岸邊的船把式。

「划回對岸多少錢？」

「十歐一位。」船把式以一種老練的口吻說。

幾個人又是一陣嘀咕。最後大部分人選擇上船，只有一個年輕人奮勇地跳進湖裡，孤獨地向對岸游去。

對岸是一處沙灘，很多人趴在上面曬日光浴。抬頭就能看見碧藍的湖水和雄偉的阿爾卑斯山。此時，晴空萬里，纖雲也無，感覺阿爾卑斯山近在眼前，近到連每一條藏青色的褶皺都清晰可見。小碼頭上停靠著一艘遊艇，但主人不見蹤影，只有幾隻野鴨在附近覓食。湖上，有人划著皮划艇駛過，速度極快，如飛出的箭頭。

我也在沙灘上找了一塊空地，鋪上浴巾，在散發著潤膚油香味的空氣中，感到自己像一滴水融入了明亮的大湖。幾個自行車運動員正在阿爾卑斯的山間公路上騎行，我的目光追隨著他們。在大山面前，人類就是那些移動的小點。渺小固然渺小，卻也有足夠的天地任由自己馳騁。

周圍不時會安靜下來，這時就能聽到游泳者打水的悶響，一下又一下，彷彿真有鐘聲從湖底傳來。我的心情相當舒暢，從書包裡拿出從盧比安納帶來的烤腸、起司和啤酒——這就是一頓午餐。

在歐洲旅行已經三個月了，我愈加感到旅行就像一種時空的延宕，一種美妙的拖延症。在有限的日子裡，我們偽裝成另外一個自己，或許是一個更好的自己，或許只是一個不同

4 專精於某種技藝的人。

的自己，而拖延著重新做回真正自己的時間。旅行中，我們可以假裝更年輕、更富有、更貧窮、更浪漫、更玩世不恭。我們隨心所欲地改裝自己，選取一件外衣、一個身分，卻不會遭人指責：「這根本不是你！」因為旅行說到底是一次改頭換面、重新做人的機會，是一場逃脫——逃脫來自生活本身的重負。

我小口地呷著啤酒，心中了無所托，卻並不急迫。我幹完了所有該幹的事，而這個世界並未要求我再去做什麼。我躺在沙灘上，幾乎喪失了時間概念。因為在布萊德，沒有人看錶，手機也成了身外贅物。直到日影開始西斜，我才意識到該趕回盧比安納了。

我沿著湖邊走到鎮上。車站裡有幾個日本人，看上去像利用暑假來歐洲旅行的學生。接著，又來了一對英國夫婦，懷裡抱著衝浪板。我們都坐在車站前的長椅上，一言不發，彷彿被湖水吸走了一切交談的欲望。車站也不像車站，更像是郊外的公交站，有一種很久才來一趟車的悲劇意味。

到處都有痛苦，而比痛苦更為持久且尖利傷人的是等車。就在我們默默苦等的時候，一個開鈴木小麵包的斯洛維尼亞大叔走了過來。

「今天的車晚點了。」他以一種熱情而不失客觀的語氣說。

「怎麼回事？」

「經常晚點，這裡可不是德國。」

然後他拍拍胸脯：「我可以拉你們回去，一路高速，車上有音樂，四十分鐘到達。」

「多少錢？」

「八歐，每人。」

價格並不比巴士貴多少，而且還有音樂。於是，我們都鑽了進去。車門沉重地關上，引擎一聲長嘯，小鈴木向著盧比安納沉甸甸地飛去。

大叔並不是出租車司機，而是順道賺點錢的黑車司機，這自然是早已料到的。就像全世界所有的黑車司機一樣，他有一輛能跑的舊車，也知道在哪裡可以找到等不來車的絕望旅客。不過，我還是感到慶幸：如果一切如大叔承諾的，我至少可以比坐巴士提前一小時回到盧比安納。而且，目前情況尚好，小鈴木已經躥上高速公路，大叔也打開了音響，從裡面流淌出來的是貝多芬的《命運交響曲》，那充滿力量的節奏撞擊著心扉。一時間，大家都被撞得屏氣凝神。

「高速公路，音樂。」大叔自豪地對坐在副駕駛的日本男青年說。

「太妙了！」日本青年應和道，也不知道他指的是高速公路還是音樂。

「日本人？」

「是的。」

「日本車的品質很好。這輛車我開了十年，從沒修過。」

品質，十年，從沒修過……我在心裡默默念叨著，意識到對這輛車來說《命運交響曲》是多麼應景。

「等這輛車報廢了，大概還會選擇日本車。」

「哈！很好！」日本青年說。

由於英國夫婦坐在最後，日本青年的英文又不佳，談話終於像一小段點燃的濕木頭，冒了兩下煙就熄滅了。車裡變得很安靜，大叔隨著音樂吹起口哨。斯洛維尼亞的鄉村景色在窗外飛逝。夕陽中，路旁的行道樹分外挺拔，宛如世界的刻度，向著遠方，向著無限，延展開去。

小鈴木，加油！

真的，四十分鐘以後，小鈴木不負眾望地停在了盧比安納車站門口，伴隨著《命運交響曲》激動人心的結尾。我的心情也同樣激動。

坐在副駕駛的日本青年付了所有日本人的車費，我付了自己的，英國夫婦拍出二十大歐，並說不用找了。大叔很高興，點上一根菸，說今天可以提早收工回家了。

此刻，大片火燒雲渲染著城市，盧比安納的街道一片緋紅。車站外停著汽車、巴士，還站著幾個旅館的接待員——真像一座鄉村小城。

我沿著街道，一路走向河畔廣場，經過市政廳和遍植法國梧桐的街心花園。小噴泉在恣意噴水，幾個年輕人在噴泉下彈琴。在廣場的一家露天冷飲店，我坐了下來。每個人桌上都有一份雞尾酒杯裝的冰淇淋。我也買了一份。

我很高興——在這個盧比安納的黃昏，我和周圍的人一模一樣，沒有任何不同。

第七章

酒吧過夜，民工大巴，米蘭告別

1

我打算搭乘直航班機飛回德國漢堡。從盧比安納飛漢堡的唯一方法是先向東飛到伊斯坦堡，再轉機。不用說，除非女友是土耳其空姐，否則不會有人選擇這種走法。我查看地圖，尋找和盧比安納相對較近，又有直航漢堡的城市。

——米蘭，輕鬆勝出。

接下來，我在歐洲巴士公司的網站上訂了從盧比安納到米蘭的車票（對不起，沒有火車）。這輛大巴從羅馬尼亞首都布加勒斯特開出，到達盧比安納是次日凌晨五點三十分。我已經很久沒有這麼早起床了，也很久沒有通宵熬夜了。代表起床和熬夜的兩個小人在腦袋裡打了一架，熬夜的小人獲勝。於是，我決定在酒吧裡度過盧比安納的最後一夜。

從布萊德回來，已是日暮時分。晚飯去吃了實實在在卻無甚特色的披薩餅。在中歐旅行期間，這是第二回吃披薩餅。雖然到處都是披薩餅，但不知為何，總是想不起來。這次，我一個人坐在吧檯前，要了海鮮披薩餅和生啤酒。這家的披薩餅做得不壞，生啤酒也夠涼。吃完披薩餅，喝完啤酒，還有大把時間，便趁著夜色在盧比安納閒逛。

夜晚的天氣有點涼，不過走起來就暖和了。我走過河畔熱火朝天的餐廳，經過徹夜明亮的櫥窗，進入小巷，朝著城堡山的山頂進發。整個盧比安納，大晚上爬山的人，恐怕僅我一個。小巷空無一人，一隻從樹影下溜過的貓見到我愣了一下，接著嗖的一聲跑了。一路上經過很多房子，可不知何故，竟沒有一間是亮著燈的。只有街燈昏黃地照亮屬於自己的一小塊領地，而把其餘的世界慷慨地交給黑暗。我沿著石板路往山上走，只能聽到自己的呼吸聲。

到了山上，連路燈也沒了，幽深的小巷一片漆黑，每一個拐角彷彿都藏著什麼。我決定偃旗息鼓。畢竟要走的人了，最好老實一點。

我默默下山，回到剛才經過的一座瞭望臺。那隻貓又出現了，或者是另外一隻也未可知。這一次，它不再害怕，壯起膽謹慎地盯著我，彷彿在想：這小子究竟在這裡幹嘛？

我站在瞭望臺上，山下的盧比安納映入眼底。此刻，我才具體看到，盧比安納果然只是山坳間的一座小城。只有那小小的一塊窪地燈火通明，其餘地方全都一片黑暗——無窮無盡的黑暗。不遠處是一座教堂，哥德尖頂影影綽綽地直刺夜空。我想，教堂的功能大概就是讓人們在這無邊的黑暗裡，感到一點點活下去的希望吧。

我側耳傾聽，只聽到風在山谷間呼嘯。寶藍色的天空中，灰色的雲朵在迅疾遊動。我想起葛斯．范桑的電影《大象》的片頭部分，想起潛伏於世界的暴力。這個瞭望臺像是槍手練槍的地方，也像是警察發現無名死屍的地方。我想，我還是盡快回到人間為好。

2

入夜以後，盧比安納的生活就慢慢地朝著酒吧傾斜。回到這樣親切的世界裡，或者說，見到成群的人，我感到非常滿足。情侶們對著燭光小酌葡萄酒，一群男女在興致勃勃地打牌。一個人旅行，有時候會神經過敏，比如見到這樣的情景就難免覺得寂寞。不過一杯啤酒下肚，聽著酒吧裡的輕搖滾，我更多感到的是長途旅行即將結束時的失落。我回想著柏林出發那天的情景，回想著德勒斯登的夕陽，回想著布拉格的三姐妹。我像倒線頭一般，逐一回想路上的見聞……那像是很久以前的事了。那時的我和現在的我有什麼不同？或者說，旅行究竟在何種程度上改變了我？

我相信，至少是理論上，旅行或多或少會改變一個人。會使那個人朝著更寬容，更理性，對世界的理解更全面的方向邁進幾步。至於到底是幾步，那就要看每個人的天賦和修養了。但毫無疑問，這向前邁出的幾步就是旅行的意義，也是活著的意義。

遺憾的是，我在酒吧裡還不能確定這些。雖然旅途中的細節還歷歷在目，可我知道，記憶就像空中的氣球，早晚有一天會飛出視野。我所能做的，只有趁著這些細節還鮮活，把它們盡量完整地移植到紙上。歸根結柢，只有通過這樣笨重的體力勞動，才能讓輕盈的旅行變得切身，而不至於變成一陣縹緲的炊煙。

我就趴在酒吧的桌子上開始寫作。不是真正地寫作，而是把旅途中的筆記補充完整。我知道，一個男人在深夜的酒吧裡奮筆疾書，很可能被人側目。但在這家車站對面、通宵營業的酒吧裡，也實在找不出什麼更有意思的事做。寫筆記之餘，我喝著啤酒，不時環顧四周。酒吧像剛剛被狼掏空內臟的動物殘骸，空空蕩蕩。酒保站在門口抽菸，一個同樣等車的男人縮在角落裡打盹，吧檯上扔著兩本色情雜誌，已經被無數寂寞之手翻得快要散架。罷了，盧比安納的夜！

五點二十分，天還黑著。我拖著行李走出酒吧，看到大巴已停在路邊。我問在車下抽菸的羅馬尼亞司機：「這是去米蘭的車嗎？」因為我看到車裡睡得橫七豎八，完全是一副魯蛇專車的樣子，絲毫沒有歐洲巴士公司的感覺。司機深深地抽了口菸，彷彿之前憋了太久：「米蘭、馬賽。」我再次震驚了。想不到這輛平凡普通的座席大巴竟然要從羅馬尼亞一路開到法國——這至少是三天三夜的路程。

可是事到如今，已經沒的選擇。我硬著頭皮上車，車廂裡的渾濁空氣，讓我脆弱敏感的神經輕微崩潰了。昏暗中，我慌亂地尋找座位。那些蓋著毛毯、蜷縮在座位上的肉體，彷佛無名無姓。車廂裡洋溢著此起彼伏的鼾聲，就像走進了夏天的池塘。我搖醒一位睡得正酣的大叔，他把腳丫移開，塞回皮鞋，我好歹側身坐了下來。我戴上耳機，抵擋鼾聲。我相信，只要再堅持一會兒，連空氣也聞不出異樣。多虧一夜沒睡，車一開，我就晃晃悠悠地睡著了。也許，人就是這麼能伸能屈的動物！

再睜開眼時，天已大亮。大巴正奔馳在高速公路上。理論上，我已經進入義大利，可風景依然荒涼，路邊只是無休無止的荒地和工廠。我的前面是一位戴著黃色假髮的女子，身旁的大叔正出神地望著窗外。不用說，這些羅馬尼亞人都是去義大利和法國打工的。對他們來說，遷徙是一種生存方式，只有背井離鄉，生活才有徹底改觀的希望。

我的腦海中浮現出這樣的景象：在強烈的陽光下，一輛載著羅馬尼亞民工和中國旅行者的大巴，正飛馳在前往米蘭和馬賽的路上。這是一幅多麼超現實的畫面啊！一時間，我心中湧起一股衝動，很想跟著這些羅馬尼亞人到法國去，看看他們在那裡怎樣生活，有著怎樣的喜怒哀樂。但是衝動畢竟只是衝動，六小時後，我不得不懷著略感遺憾的心情在米蘭下車了。

3

我在米蘭住得格外好。旅館位於老城區，有俯瞰街景的陽臺，有免費的咖啡和點心，而且交通便利。我洗了個熱水澡，換上乾淨的牛仔褲和POLO衫，自己動手在廚房裡磨了咖啡，吃了點心，終於感到滿血復活。

下午無事可做，於是就上街隨便走走。正是一年中最熱的時節，義大利的中產階級大都出城避暑，街上幾乎看不到車輛。倒是在普拉達店裡看到很多中國同胞，聽到其中一個人問另一個：「你看到周處長了嗎？」另一個回答：「好像在勞力士手錶店吧。」

傍晚，我去吃了義大利菜，從餐前酒到飯後咖啡，一應俱全。之後，我回旅館，邊寫筆記邊喝奇揚地紅酒。

入夜後，旅館周邊的住宅幾乎都黑著燈。只有一些妓女還三五成群地站在街角，不時有人開車過來打望，合適的就上車帶走。有些年輕好看的，已經被帶走了兩、三次，而那些年老色衰的只好一直站在那裡。後來，這些人乾脆放棄了工作，去小商店買了啤酒，坐在路邊的長椅上聊天。

她們在聊什麼呢？聊她們已經告別的生活？聊她們留在遠方的丈夫？

我站在陽臺上，俯瞰著米蘭。夜深了，天氣依舊悶熱。世界如一個不知疲倦的士兵，按照自己的意志行軍，絲毫不以觀眾為意。

Ciao！再見吧！

雖然說再見就是死去一點點，正如雷蒙·錢德勒所言。

下部

冬

第一章

古樹茶，故鄉在塞爾維亞，撒旦的探戈

1

我總是夢見布達佩斯，總是想回到那些房屋和街道。

在夢裡，我總是作為某種被召喚物而存在，如同神話裡失神傾聽塞壬歌聲的水手。那歌聲似乎從遙遠的地方、遙遠的時間傳來，微弱而持久。我卻可以清晰地分辨出其中的鴿哨聲、咖啡館的杯盤聲和電車的喧囂聲。我像搖籃曲中的嬰兒，棲息在這歌聲裡。我知道，某種程度上，這歌也是為我而唱。

一覺醒來，飛機已經開始下降。周圍是陌生的面孔，陌生的語言。這架維茲航空的班機從羅馬飛往布達佩斯，因是廉價航空，不提供餐食飲料，穿紫色套裝的空姐也不必微笑。聖誕前夜，機上大都是回家過年的匈牙利人。大概在義大利待久了，也沾染了義大利人的習性：當飛機降落在李斯特・費倫茨機場跑道的瞬間，機艙裡爆發出一陣掌聲和歡呼聲。

「Bravo!」

我看了看錶，正是午夜十二點，擴音器裡流淌出李斯特的鋼琴曲，舷窗外是昏黃的路燈、陰鬱的廣告牌。穿著厚重大衣的搬運工坐在行李車上，吐氣成霧，面無表情地看著飛機入港。

在這樣的冬夜，這樣的情形下進入布達佩斯，確實不夠激動人心。拉著箱子出站，用信用卡支付了機場小巴的費用，它載著我一頭軋進寥落的市郊。光禿的行道樹，低矮的天際線，晃動的霓虹燈……蕭索的景象直到進入市區才突然改觀——我又一次看到奧匈帝國時期的龐大建築、誘人的酒吧招牌、飛馳而過的電車。

距上次造訪，已是一年有餘，我試圖分辨眼前的一切，但記憶突然短路：深夜的城市竟與白晝迥然不同。更何況上次來是夏日，而此刻已是深冬。

到了旅舍，被彬彬有禮的司機拋在路邊，寒風中敲那扇緊閉的鐵門，半晌無人應。正懷疑司機找錯了地方，門忽然裂開一道縫，一個睡眼惺忪的匈牙利少女，穿著粉紅色睡衣，光著腳。

「那個……有預訂。」我趕緊滿懷歉意地說。

少女放我進來，啪地打開帳本，一聲不響地登記。之後，二話不說回房繼續睡覺，彷彿只是一次例行公事的夢遊。在她眼裡，我恐怕只是一個虛構之物，一個擅自闖入夢境的不速之客。

室中僻靜。我倒在床上，望著高高的天花板，享受那恍惚而美好的時空錯位感——這是旅行中最愜意的片刻。

窗外，布達佩斯輕輕晃動。

2

布達佩斯輕輕晃動，像杯中的托卡伊貴腐葡萄酒，金黃明亮，帶著蜂蜜的芬芳。第二天一早，當我步行走過伊麗莎白大橋，去往位於布達一側的蓋勒特溫泉時，我驚喜地發現，布達佩斯依然如我夏天來時一樣瀰漫著帝國氣息。

青灰色的多瑙河是如此寧靜，皇宮和漁夫堡偃臥在雲層壓頂的城堡山上。一艘遊輪緩緩割破平靜的水面，逆流向維也納的方向駛去，兩側的波紋，如人字形的大雁。我站在橋上，口中吹著布拉姆斯《第五號匈牙利舞曲》的調子，注視著這一切。天色微微發青，一個穿著黑色風衣的垂釣者，凝視著水中的浮標，風掀動著他腳下黃色的落葉。這幅帝國末年的景象，似乎永遠定格在這裡。

有些城市會不斷衰老，有些城市永遠年輕，而布達佩斯則永遠定格在某一時期。它的容顏並不隨著時間而改變。

鏈橋、城堡山、安德拉什大街、歌劇院、英雄廣場、紐約咖啡館，甚至那條著名的黃色地下鐵——我如今能想到的一切地標，在二十世紀初的布達佩斯都已存在。這是不是也讓你感到驚奇？

我要去的溫泉就在蓋勒特山腳下，公元前三十五年，羅馬人曾把這裡當作潘諾尼亞行省的首府。他們一定羨慕此刻站在大橋上的我，因為即便作為強大的征服者，羅馬人也絕少能夠跨過多瑙河。

幾個世紀以來，多瑙河的左岸都是羅馬帝國最北方的邊界。換句話說，蓋勒特溫泉處在羅馬帝國的疆域裡，而與它隔河相望的布達佩斯科技經濟大學則屬帝國之外的蠻夷之地。多瑙河就如同長城，造就的是兩個世界的分野。當時，任何膽敢從布達一側跨過多瑙河前往佩斯一側的行為，都等同於前途莫測的冒險，意味著從羅馬帝國舒適的文明世界，進入蠻族居住的不化之地。

我沿著蓋勒特山的小路，拾級而上，地上鋪滿了落葉。夏天時，這裡一片蔥綠，從多瑙河上吹過來的河風，輕柔地拂過每個人的面孔。我看到蓋勒特主教的青銅雕像佇立在山間，右手高舉十字架，左手懷抱《聖經》，俯視著自己殉教的多瑙河。山頂手持棕櫚枝的自由女神像，是為慶祝蘇軍解放匈牙利而修建，原名「解放紀念塔」。然而匈牙利和俄國的敵對由來已久。一九五六年和一九九二年，解放紀念塔兩次險遭拆毀，後來改名「自由女神像」，才被保留下來。

布達佩斯從不缺乏驚心動魄的故事，更不缺乏旖旎多姿的風景。當我站在蓋勒特山的觀景臺，河對岸的佩斯如同清明上河圖的長卷在眼前展開。那邊是國會大廈，這邊是格雷沙姆宮四季酒店，再往東一點就是著名的瓦茨街，我曾在街上的捷波德咖啡館度過夏日漫長的午後。

那艘遊輪依然像夏天一樣停泊在岸邊，上面有布達佩斯最出名的爵士樂酒吧。我還記得，一天晚上，我步行經過索菲特酒店，布達佩斯的流鶯們立刻圍上來，操著刻意的美式英語和我搭訕。

如今，記憶與眼前的風景交織，不由讓人感嘆。簡．莫里斯說：「故地重遊，是否值得？」是的，布達佩斯是我早想回來的地方。

我買了門票，進入蓋勒特溫泉。新古典主義的建築，仿古希臘的浮雕，泡的是濃郁的文化和歷史感，就溫泉本身來說則乏善可陳。室外溫泉池因故完全封閉，所有人都擠在室內面積不大的池子裡。察言觀色，大多是來自不同國度的遊客。大家圍坐一圈，面面相覷，彷彿聯合國擴大會議。水是攝氏三十六度的溫暾水，泡著勉強不冷，但沒什麼暢快之感。我只泡了半小時就出去了。走出大門，外面已下起淅淅瀝瀝的小雨。陰雨中的布達佩斯，彷彿黑白膠片電影，流竄著銀魚似的線條，耳畔是雨水時輕時重的嘆息。

相比很多歐洲城市，布達佩斯還算年輕。中世紀時，布達勉強可以稱為城鎮，而佩斯依然是半開化的漁村。一二四一年，布達、佩斯同時被蒙古鐵騎踐踏。十五世紀下半葉，國王馬蒂亞斯在布達的城堡山建造了文藝復興風格的皇宮，但沒過多久就被鄂圖曼土耳其人攻陷。大約一個半世紀後，當哈布斯堡王朝的軍隊重新解放布達時，這裡的人口不足一萬三千人，而佩斯勉強超過四千人。

布達佩斯最輝煌的時刻，無疑屬奧匈帝國時代。一八九六年六月的一天，布達佩斯教堂的鐘聲齊鳴，奧匈帝國的皇帝約瑟夫偕夫人伊麗莎白從維也納趕來，參加紀念匈牙利建國一千週年的慶典。他們的兒媳史蒂芬妮公主用柯達相機記錄了當時的情景。照片中，約瑟夫身著匈牙利戎裝，伊麗莎白則面帶高貴的微笑。我彷彿可以聽見禮炮齊鳴、鼓樂奏響。

在匈籍歷史學家約翰・盧卡奇的《布達佩斯一九〇〇：城市與文化的歷史畫像》一書中，我看到了這些老照片。當時，我冒雨走到位於佩斯的博物館街，這裡集中了大量的古舊書店。

盧卡奇生於布達佩斯，一九四六年流亡美國，在哥倫比亞大學任教。那時正是布達佩斯最慘淡的年代，他以懷舊的筆調描摹這座城市曾有的輝煌，它的聲音、氣味、五湖四海的移民、文人、畫家、革命者、咖啡館裡的辯論、歌劇院裡的詠嘆調……

一座城市的外貌改變得比人心還快。

——波特萊爾，〈天鵝〉

我想，布達佩斯或許是一個例外。它永遠懷念初戀，因為那段戀情太過刻骨，經過時間的洗禮，更顯珍貴。

那天晚上，我下榻正對鐵索橋的格雷沙姆宮四季酒店。這座一九〇六年的建築，正是帝國時代的隱喻。它最初作為格雷沙姆保險公司的海外總部，二戰時成為蘇聯紅軍的兵營，自此常年荒廢。二〇〇一年被一家愛爾蘭公司收購後，交由四季酒店集團管理，酒店於二〇〇四年開業。

我坐在餐廳的落地窗前，望著夜幕下的城市：打傘而過的路人，穿黑色大衣的侍者，淋濕的街道蕩漾著路燈和霓虹。我點了托卡伊葡萄酒醃製的鵝肝，喝著酩悅香檳……我知道在這裡，我仍可像當年的人們一樣用餐。回到房間，我將在帝國的酣夢裡入睡。

3

我向來樂於自由探尋某座城市，而不喜歡按圖索驥地參觀景點，所以我選擇隨意漫步在布達佩斯的街頭。

我沿著佩斯一側的河岸向西走去，在城市的邊緣，走進一家小酒館。一個栗色頭髮的中年女人在打角子機，兩個禿頭的中年男人在醉眼迷離地喝啤酒。在我看來，世上的醉漢分為兩種，早上的醉漢和晚上的醉漢，兩者的性質截然不同。晚上的醉漢各種各樣，而只有早上的醉漢才是真正熱愛飲酒的人。只有他們才能被稱為真正的酒鬼。作家瑞蒙・卡佛、雷蒙・錢德勒、赫拉巴爾都屬這一類。或許正因如此，我對酒鬼總是報以真誠的熱情。

我坐下來，要了一杯啤酒，邊喝邊注視著兩個醉漢。他們的目光裡有一層迷霧，像這個世界一樣讓人捉摸不透。一個醉漢搖晃著站起來，走向點唱機，摸出一枚硬幣，點了首什麼。熟悉的旋律響了起來，是甲殼蟲樂隊的〈昨天〉。氣氛如此懷舊，不禁讓人動容。

走出小酒館，我跳上一輛有軌電車。它穿過城市，到達曾經的猶太區。二戰時，布達佩斯的猶太人還算幸運，他們最初並未遭受大規模迫害。直到二戰結束前十個月，一半的猶太人口被送進奧斯維辛集中營。幸運當然只是相對而言。走在猶太區，看著街邊如今琳琅滿目的零售店、酒吧、餐廳、畫廊，誰又能想像出二十萬猶太人曾經被強制塞進這裡的兩千間住房？

這時，我的目光突然被一家小店吸引。它是一家茶店，牆上掛著中國山水畫，有著古色古香的裝潢。我發現，店主是一位三十多歲的匈牙利女士，留著短髮，眼神中充滿東方神祕主義氣息。她帶我參觀她的茶室和工夫茶具，然後拿出她收藏的各種中國茶，從西藏的茶磚、雲南的生熟普洱，到武夷山的大紅袍、安徽的猴魁，無所不有。她是程式設計師，開茶店純屬個人愛好。為了尋茶，她甚至隻身到過西雙版納和臨滄。

「我想找到傳說中的普洱古樹茶。」她對我說。

「找到了？」

「我去了易武山和大雪山，」她邊說邊拿出一枚雲南七子餅，用茶針分開一些茶葉給我看，「這是我在易武找到的古樹茶。」

看了茶葉，我知道這並非古樹茶。雖然易武在清代是重要的普洱茶產地，但在動盪的二十世紀一直處於荒廢狀態。我曾去那裡採訪，知道在近年普洱茶熱之後，農民才開始恢復種茶。早年的茶園，在「大躍進」時就被開墾成了橡膠林。

「你應該去景邁山尋找古樹茶，那裡是中國和緬甸的交界，一直居住著少數民族，在較高的山裡可能還有古茶樹存在。」我對她說。

我們一起喝著雲南七子餅。雖然不是古樹茶，但能在遙遠的匈牙利喝到普洱，還有什麼好抱怨的呢？

我問她更喜歡生普洱還是熟普洱。

「生普洱。」她的目光閃動，「每次喝生普洱都能感到自己的感官被打開——尤其是大雪山的生普洱。」

一個高大的匈牙利青年帶著女友進來喝茶。店主告訴我，那青年在學習中醫。

「剛完成三年的理論學習，馬上要到哈爾濱進修一年啦！」青年對我說。

一個匈牙利青年去哈爾濱學習中醫——這聽起來更像是一次探險。

「為什麼是哈爾濱呢？」我問。

「聽說那裡的氣候和匈牙利很像。」青年搔著頭皮說。

透過茶店的窗戶，我看到布達佩斯冬日的陽光在街上跳躍。這差不多是布達佩斯最冷的月份，氣溫在攝氏零上三度左右，而此時的哈爾濱大概是攝氏零下三十度。

我沒敢打擊青年學習中醫的熱情，只是問他學成歸國後有何打算。因為我知道，中醫在匈牙利還未獲得行醫許可，更像一種古代巫術。

「去東方大學中醫系，」青年淡定地喝了口茶說：「教書。」

從茶店出來，我重新朝多瑙河的方向走去。經過伊麗莎白廣場時，我看到了麥可・傑克森當年親手種下的松樹。很多年過去了，樹上仍然掛滿傑克森的照片和歌迷的祝福。一個中年婦女在樹下放下一束鮮花，然後轉身離去。她穿著制服，拎著手提包，大概是在上班途中順路過來的。

對於那一代匈牙利人來說，麥可・傑克森代表著對美國文化的想像，甚至是對「西方」的想像。因為鐵幕粗暴地把「中歐」這一概念取消了，使匈牙利、東德、捷克斯洛伐克、波蘭成了與美國和西歐對立的「東歐」。

我走在伊麗莎白廣場上，想像著布達佩斯市民熱情似火地擠在街頭，歡呼著一個美國黑人的名字。類似的情景，只有一九五六年抗擊蘇聯坦克入侵時才有——生動而又充滿諷刺的對比。

4

旅行中最大的不確定性，不是抵達，而是如何抵達。但我們似乎早已習慣了旅行作家擲地有聲地開門見山：

> 我們坐在萬德羅博獵人們在鹽鹼地邊用大小樹枝搭成的埋伏處，聽見了卡車駛來的聲音。
>
> ——海明威，《非洲的青山》

這是海明威記敘東非狩獵之旅的開篇一句，可他是如何抵達的呢？

一九三三年八月七日，海明威與第二任妻子寶琳．費孚接受寶琳叔叔的資助，從哈瓦那坐船到達西班牙的桑坦德，兩個月後抵達巴黎。十一月二十二日，他們乘坐「梅津格爾將軍號」從馬賽出發，於十二月八日抵達肯尼亞的蒙巴薩港。在那裡，海明威雇用了白人獵手、當地嚮導和腳夫，組成一支遊獵隊，正式開啟了東非的狩獵之旅。

我相信，如果海明威把他如何抵達的過程寫出來，會和抵達後的經歷一樣有趣。因為說到底，旅行或者人生，就是一次次解決如何抵達的生命過程。

這一次，除了布達佩斯，我還想去一些相對陌生的地方——想去看看貝拉．塔爾電影裡的匈牙利大平原，想去看看冬天的巴拉頓湖，想去與前南斯拉夫接壤的邊境城市，想去與斯洛伐克比鄰的東北部山區。

然而，正值年末，整個歐洲的交通、餐飲、商店都處於一種不確定的狀態，我只能在眾多不確定中找到一個確定的方法。

我決定租車。一方面，中歐的公路網十分發達，路況也不錯，而且只要有一張中國駕照的翻譯文件，任何租車行都向你敞開大門；另一方面，那些偏僻的地方，公共交通稀少，只有自己開車才相對容易抵達。

我在伊麗莎白大橋畔的赫茲車行，租到一輛嶄新的黑色手排的大眾Polo。檢查完車況，辦完手續，把GPS固定在擋風玻璃上，正是匈牙利時間上午十一點十分。

前日的幾場冷雨，一度使布達佩斯的街景蕭瑟不少，然而這天突然放晴，陽光明媚得恍如奧匈帝國時的春日。我看到多瑙河像一條發光的綢帶緩緩流動。街上的人們依舊穿著筆挺的大衣，可不再把釦子扣住，圍巾也敞開，隨意搭在脖子上。

我的目的地是匈牙利南部城市佩奇。這裡距克羅埃西亞和塞爾維亞不遠，曾是羅馬帝國的邊疆，也被蒙古人的鐵騎蹂躪過，後來又被土耳其人統治了一個半世紀之久。它距離布達佩斯兩百多公里，即便在過去，也不過是馬匹一天的腳程，可卻給人一種身處兩個世界的感覺。

駕駛著Polo出城，便進入了廣闊的匈牙利平原。視野所及，甚至能感覺到地球表面輕微的弧度。窗外是被拖拉機犁過的赤裸泥土，像凝固的浪花一樣翻開，間或有白色積雪覆蓋在上面，形成強烈的黑白對比。平原上的樹木早已落光枝葉，叉手叉腳地立著，如同被工匠統一修剪過，成為天際線上潦草的筆劃。

路很好，車極少，完全看不到人跡，只有一些農人的小房子散落在平原上，成為文明存在的證據。

我擰開廣播，調到一個叫「巴爾托克」的古典音樂頻道，它以匈牙利作曲家巴爾托克的名字命名。巴爾托克出生在匈牙利東部，那裡在一戰後被割讓給了羅馬尼亞。年輕時，他在布達佩斯的李斯特音樂學院學習作曲。那時候該是十九世紀的末尾，也是布達佩斯乃至整個匈牙利最輝煌的時代。他和志同道合的高大宜相識，共同致力於收集匈牙利的民間音樂。

巴爾托克在布達佩斯執教近三十年，直到二戰爆發，才流亡美國。他在哥倫比亞大學謀得一職，可卻貧病交加。直到生命的最後時刻，還在趕寫那首《第三鋼琴協奏曲》，為的是在自己死後，妻子能以鋼琴家的身分，享有此曲獨奏演出的專利。《第三鋼琴協奏曲》有很強的匈牙利民間音樂的旋律感，充滿了思鄉之情，它的源泉就來自我眼前的這片土地。

高中時我便買過包含這首協奏曲的唱片，可對旋律已毫無印象。如今再聽，卻發現它竟然不那麼「巴爾托克」。沒有巴爾托克的激進、狂躁，甚至刺耳，反而如同流淌在匈牙利平原上的涓涓溪流。

他躲在紐約公寓裡創作此曲時，一定也聽聞了蘇德軍隊在布達佩斯展開巷戰的消息，也一定聽到了伊麗莎白大橋在砲火中轟然墜落的聲響。那鋼琴的音符如泣如訴，明明就像電影中憑弔遺跡時使用的慢鏡頭，像老人撫摸童年戀人的舊衣裳。

我很難說自己喜歡過巴爾托克，可行駛在匈牙利平原上，聽著巴爾托克卻感覺胸口一熱。在這無邊的大平原上，我的Polo車一定如玩具一般渺小，可我彷彿感到它隨著巴爾托克的音符緩緩起伏，隨著大地的坡度迅疾滑動。

5

開始翻越梅切克山，正是這座山阻擋了北方的寒流，讓佩奇形成了一種相對溫暖的小氣候。從M6高速下來，路變成了雙向單行車道，在空曠的平原上蜿蜒向前。路邊是荒草、枯樹，更遠處是成片成片的樹林。陽光無比強烈，一種曝光過度的白。迎面而來的汽車大都是十多年前的舊款。開著開著，我感到自己正在穿越一條時光隧道，回到過去，回到記憶深處。我知道，到了佩奇就離前南斯拉夫的邊境不遠了。

一九九九年，我參加學校組織的反美大遊行，抗議美軍戰機轟炸中國駐南聯盟使館。那次被稱為「誤炸」的轟炸，導致了幾名使館人員和新華社記者的死亡。我隨著人群喊著口號，一種被點燃的情緒飄浮在空中，空氣幾乎凝滯，有股鐵銹的腥味。

我所行駛的這片土地同樣被仇恨和憤怒點燃過。一九一四年夏天，奧匈帝國的皇儲斐迪南大公在南斯拉夫遇刺身亡，第一次世界大戰由此爆發。四年後，奧匈帝國解體。隨後的《巴黎和約》將匈牙利三分之二的領土分給了南斯拉夫、羅馬尼亞和捷克斯洛伐克。那一天，匈牙利全國商店關門，交通停滯，黑旗飄蕩，教堂的鐘聲如同悲鳴。

並非感嘆匈牙利今非昔比的命運，我感興趣的是生活在這片土地上的人經歷過怎樣的情感變遷。他們生活在看不見的國境線的這一側或那一側，情感和命運也因此迥然不同。我想起希臘導演安哲羅普洛斯的電影《永遠的一天》，裡面拍攝了希臘與阿爾巴尼亞邊境線上的電網。一具具掛在上面企圖掙扎離開的屍體，宛如渴望自由靈魂的軀殼。

在布達佩斯英雄廣場旁的藝術宮，我看過一個短片，拍攝一位匈牙利裔的塞爾維亞藝術家坐通勤火車過境。每次，他都在火車過境時進入洗手間，讓同一泡尿液撒在兩個國家的土地上。

總有一天，邊境和城牆會淪為風景和笑談。

——E. M. 齊奧朗

就像環繞佩奇老城的城牆，原本是為了阻擋蒙古人而建，可最終無法阻擋任何人。如今，城牆上裸露著土黃色的石塊，雜草隨風飄搖。夕陽下，城牆顯得殘破不堪，有一種被時間遺棄的美感。

我住的旅舍就在城牆外一條僻靜的巷子裡，主人是一位上了年紀的老婦，殷勤友善，但不會講英語。房間乾淨，配備宜家家具、茶炊和餐具，牆上掛著幾幅梵谷的仿製品和一張前南斯拉夫地圖，看印製時間是二十世紀八〇年代末。

我隨口問老人，為什麼會有這麼一幅地圖，可她搞不清我的意思。我微笑著打算放棄，可老人突然退回房間，拿出一部手機。手機是諾基亞黑白機，和我路上看到的汽車一樣古老。她撥了一組號碼，以極快的語速說了些什麼，然後把手機遞給我。

「你好。」一個少女的聲音。

「妳好……」看著老人的笑容，我一時不知該說些什麼。

「我想……妳是她的女兒吧？」我笨拙地搭話。

「孫女。」電話那邊說：「有什麼事可以為您效勞？」

「沒什麼……其實只是想知道，房間的牆上為什麼掛著一幅南斯拉夫地圖？」

電話那頭一陣沉默。

「我奶奶是從南斯拉夫過來的，」少女緩緩說道：「一九九九年。」

一九九九年，那正是我參加遊行的年代，也正是科索沃戰爭如火如荼之時。我想，他們一定是那時逃到匈牙利的南斯拉夫難民。

「不好意思，只是隨便問一下。」我說：「非常感謝。」

我把「燙手山芋」還給老人，她們繼續在電話裡說著什麼。老人點點頭，然後掛了手機。

有那麼一陣，我和老人面面相覷，除了微笑，似乎也沒有別的選擇。老人倚過身子，手指循著地圖滑動。她指著一個地點，轉頭對我說了句什麼。

——那是塞爾維亞北部的一座城市。

我想，老人在對我說，那裡是她的故鄉。

6

天幾乎完全黑了。我沿城牆而行，但看不到一個路人。昏黃的路燈下，晃動著一些陰影，讓我感覺又冷又餓，彷彿走在一座被遺棄的中世紀古城。

前面有一處燈火閃爍——可能是一個酒吧或一家餐廳——一個能看到人的地方。我走過去才發現，原來只是一家帽子店，櫥窗亮著燈，卻已關門大吉。

在這裡，中國的城市經驗幾乎毫無用處。與中國城市相比，這座匈牙利第五大城市似乎太小也太安靜。沒有舊城改造，沒有摩天大樓，沒有廣場舞。

我沿著卵石鋪地的巷子，朝更深處走。周圍一片漆黑，我能聽到自己的腳步聲，帶著虛假的勇氣。走著走著，我差不多確定自己迷路了，迷失在這座邊境城市，迷失在夜色中。

我突然很想吃點什麼，或者喝上一杯摻蘇打水的威士忌——如果可以的話。我還沒有如此渴望過見到自己的同類。

我走到小巷盡頭，拐了兩個彎，突然豁然開朗。人彷彿變魔術一樣地多了起來。我發現我走到了中心廣場，這裡正舉辦聖誕集市。賣熱紅酒的大鍋冒著熱氣，四周擺滿各式小吃攤位，人們在中間徜徉，孩子們的嬉戲聲在其間迴盪。

我買了一杯用陳皮和桂花熬制的熱紅酒，和當地人一起站在那裡，小口地喝著，感覺身體漸漸暖和過來。一個戴著皮帽的吉普賽人來了，把敞開的琴盒放在腳下，開始彈奏一件酷似吉他的樂器。那是一首吉普賽風的民謠，有著歡快而憂鬱的曲調。

有人在靜靜聆聽，有人在彼此交談，而那座佔據了整個廣場中心的著名清真寺教堂正在修繕。它的名字多奇特——清真寺教堂——把兩種宗教合而為一。

那是土耳其人統治時修建的清真寺，土耳其人被驅逐後，成了當地基督徒禮拜的教堂。不過基督徒們說，早在土耳其人統治之前，這裡就是他們的朝聖之地。其實，佩奇一直以來就是民族和宗教的混雜之所。無論基督教還是伊斯蘭教，都把這裡當作信仰的邊疆，而各自力量的消長，改變著這片土地的樣貌。所以這裡既有清真寺，又有大教堂；既有土耳其浴室，又有基督徒的墓地。

我從口袋裡摸出一枚歐元硬幣，扔進吉普賽人的琴盒裡，他朝我頷首致意。我沿著主街走，不少店鋪都已歇業過聖誕，離廣場越遠，人也越見稀少，最終過渡為蘇聯電影中的社會主義郊區：筆直的林蔭路，千篇一律的住宅樓。

轉頭往回走，在一家葡萄酒商店買了一瓶歐瑞摩斯牌的托卡伊貴腐葡萄酒和一瓶富爾民特干白葡萄酒。

不遠處是一家中式快餐店，好奇這裡也有中國人，於是站在門口看。這時，老闆突然探出頭。

「是中國人吧？外面冷，進來坐坐！」

餐廳裡沒有顧客，盛放食物的櫃檯裡有事先炒好的幾個菜，裝在食堂用的大盤子裡，此外便是炒麵和炒飯。老闆是溫州人，一九九八年來匈牙利打工，如今已在這裡定居，生了孩子。問他為什麼選擇佩奇，他說，布達佩斯的華人太多，中餐廳的競爭也日趨激烈，這裡的生活相對輕鬆。

一對匈牙利情侶走進來，表情嚴肅地點了炒麵、咕咾肉和宮保蝦球，放到微波爐裡加熱好，就坐下來吃。老闆告訴我，匈式中國菜的要訣是要像紅燴牛肉一樣做出濃稠的湯汁，「要能用麵包蘸著吃才行」。

老闆問我，要不要點東西？可那些「能用麵包蘸著吃的炒菜」實在賣相一般，價格也是國內的幾倍。然而，畢竟聊了半晌不好拒絕，便讓老闆炒了一份四季豆帶走。回去的路上，我又在一家當地人光顧的土耳其烤肉店買了一份烤肉。

回到住處，開了白葡萄酒，一邊坐在餐桌前吃四季豆，一邊用筆記型電腦放霍洛維茨彈的李斯特《b小調奏鳴曲》。窗外漸漸起了大霧，剛才還聳然而立的城牆忽然就隱身不見。周圍靜悄悄的，只有音樂和鐘錶的嘀答聲。

突然想到，如此安靜到不可思議的夜晚，已經好久不曾有過。

7

早晨很早就醒來，卻感覺睡了相當長的時間，像在深海裡靜靜沉潛了一百年。昨夜的杯盤仍堆在桌子上，酒瓶裡還有兩公分高的酒。沖過澡，把盤子和刀叉洗淨，剩下的酒不想再喝，直接倒進下水槽。看看時間是八點多一點，想起是週日，佩奇有每週一次的跳蚤市場。

外面天氣很好。太陽驅散了昨晚的大霧。城牆歷然，街巷寧靜，黑色的柏油馬路一直伸向山丘之下，尼古拉斯大教堂沉浸在一片玫瑰色的晨曦中。驅車開向城市的西南，看到跳蚤市場是一塊兩個足球場大的空地，門外的停車場裡已經停了很多車。

我開車進去，發現人們的目光都緊盯不放，還有人指指點點。開始以為是自己的原因，畢竟這地方東方人少見，可後來發現，人們是在盯著車看。環視四周，我很快明白了原因所在。當地人開的全是十多年又髒又破的老式轎車，唯有我這輛Polo，不僅款式新，而且洗得發亮，熠熠閃光。這大概就和一個人穿著迪奧套裝去農貿市場買活禽一樣。

我邊走邊瀏覽攤販們賣的東西。大體上都是附近的人家把不用的東西拿過來出售，因此每個攤位的售賣範圍都很雜，從收音機、小擺設到舊書、餐具無所不有。當然，也有以專業度取勝的。比如專賣古董鐘的、舊家具的、枝形吊燈的、若爾瑙伊瓷器的。

一對年輕的情侶在賣燒壁爐用的鐵鉤子。一條大圍巾鋪在腳下，上面擺著幾件烏黑的鐵器。男人很英俊，穿著駝色呢子大衣，戴一頂黑色禮帽，像電影《撒旦探戈》裡的男主角。女人盤腿坐在地上，穿著長靴，把大衣的羊毛帽子戴在頭上，是個非常好看的女子。

我走過去看他們賣的鐵器，感受這些鐵傢伙的重量，然後插著兜站起來，朝他們微笑。對話自然而然地發生了。

「你從哪兒來？」

「中國。」

「你們的總理剛來過。」

「是的，聽說打算修建匈牙利到塞爾維亞的高速鐵路。」

「沒錯。」

「你對這事怎麼看？好事還是壞事？」

「我不知道，」那個男人說：「可能是好事，或多或少。」他晃著腦袋。

「你是做什麼的？」

「鐵匠。」

「你的女朋友呢？」我們說話時，她一直望著虛空中的一點，沒看我們。
「她學電影。」
「電影？那你們是怎麼認識的？」
「在這裡。」
「你是說……跳蚤市場？」
「對。」
「怎麼做到的？」
「她來買東西，我們交談，」男人酷酷地說：「就這麼簡單。」
男人一直保持著剛才的站姿。大拇指插在大衣兜裡，敞著大衣最上面的兩個釦子，露出深藍色的圍巾。帽簷壓得很低，所以總是驕傲地揚著頭，絡腮鬍蓄得非常整齊，顯得嘴唇很薄。
「也許因為你長得很像米哈伊．維格。」我說。
「誰？」
「《撒旦探戈》裡的男主角。」
「不太清楚。」
「也許你女朋友知道，她是學電影的。」
他低頭問學電影的女子，又抬頭問我：「你剛才說的是誰？」

我把名字拼出來，像發出一道密電，等待對方破譯。他們則用我無法破譯的匈牙利語交談。從側面看，學電影的女子有非常好看的鼻樑，面頰被凍得微微泛紅。

商量了一會兒，男人抬起頭說：「對不起，我們不知道這個人和這部電影。」

《撒旦探戈》片長七小時卻每一分鐘皆雷霆萬鈞，引人入勝。但願在我有生之年，年年都能重看一遍。

——蘇珊·桑塔格

在跳蚤市場吃過簡單的午餐，我決定繼續南下，去希克洛什看城堡。這裡幾乎已經處在匈牙利與克羅埃西亞的邊境上，曾經發生過極為慘烈的戰爭，直接導致了匈牙利亡國，也為之後的土耳其圍攻維也納埋下伏筆。

午後的陽光有一種令人恍惚的質感，像白葡萄酒在杯裡輕輕地晃。平坦的田野上依然霧氣瀼瀼，陽光與霧在這裡似乎達成了某種和解，儘管現實生活中和解十分稀有。

希克洛什以及附近的維拉尼與法國的波爾多處在同一緯度，以出產上好的葡萄酒聞名。行駛在狹窄的鄉間公路上，兩邊的丘陵地帶皆是成片的葡萄園。雖然冬天枝葉落盡，但可以想像夏秋時節的景象。

經過維拉尼鎮，路邊是一家家小酒館，既可以買酒，也可以點上幾道農家菜，順便喝個盡興。我把車停在路邊，隨便走進一家。老闆是個胖胖的中年漢子，除了匈牙利語，也可以說一口德語。他引我到酒館的地下酒窖，數十個大橡木桶裡裝的都是陳釀中的葡萄酒。每個桶上貼著標籤，寫著年份和葡萄品種。我知道維拉尼的卡本內弗朗非常出色，便購買了兩升。老闆用透明的塑膠桶灌裝給我，價格不過三十多塊人民幣。我常覺得，所謂好酒，就是好喝不貴，可以痛飲的酒。在這個意義上，匈牙利葡萄酒是最被低估的好酒。

到了希克洛什，把車停在鋪滿落葉的樹下。城堡近在眼前，比想像中的大。白牆紅瓦，映襯著蔚藍色的天空。城牆外是一條黃土鋪成的小徑，有當地人坐在長椅上曬太陽。

進入城堡，沿著咯吱作響的木質臺階登上瞭望臺，可以望見四周平緩起伏的山丘與田畦村落。向南方眺望，克羅埃西亞沉浸在一片橘紅色的霧靄中，多瑙河想必正從那裡奔流東下。不知從哪裡傳來犬吠聲，像是從很遠的地方傳來，空氣中有一股木柴生火的味道。

如此靜謐的午後讓我很難想像，這裡曾經是一片刀山火海。一五二六年的夏天，不可一世的鄂圖曼土耳其蘇丹蘇萊曼一世集結了八萬兵力，向匈牙利進發。激戰就發生在離此不遠的多瑙河畔的莫哈奇。不到兩個小時的時間裡，匈牙利全軍覆沒，國王在逃亡途中溺水而亡。

戰鬥結束的第二天，土耳其士兵對周邊地區進行了掃蕩。無論男女老幼，信教與不信教，皆被屠戮。兩天後，蘇萊曼一世在日記中寫道：「屠殺兩千名戰俘，是日大雨如注。」

布達佩斯同樣一片慌亂，貴族們紛紛攜帶財富逃離。「入夜，通向西方的旱路上車隊絡繹不絕，多瑙河上滿載珍寶的船隻首尾相連。」

獨立的匈牙利就此覆亡，而以匈牙利為基地，土耳其人開始了對中歐長達一個多世紀的進攻。兩年後，他們第一次將哈布斯堡王朝的首都維也納團團圍住。整個歐洲世界為之大驚。如果不是波蘭國王揚．索別斯基緊急馳援，歐洲歷史恐怕會因此改寫。

匈牙利處在鄂圖曼與哈布斯堡兩大帝國之間，它的命運似乎早已注定了坎坷。匈牙利人有句諺語：「在莫哈奇失去的遠比現在多。」意思是說，最困難的時刻已經過去，以後再遇到的困難算得了什麼？借此鼓起自己面對困難和挫折的勇氣。

在《莫哈奇戰場匈土交戰紀實》一書裡，親歷過那場戰爭的作者描繪了戰場的樣貌：「這是一塊寬闊的平坦地，沒有森林和樹叢，沒有河流和山丘，只有一塊長滿蒲草和蘆葦的沼澤地。後來，許多人就葬身於此。」

在回佩奇的路上，我便經過了這樣一片土地，依然不見人煙，依然一片荒蕪，只有一條生銹的鐵軌伸向不知何處的遠方。我把車停在路邊，望著眼前的一切。清晰而緋紅的太陽正沉入樹木叢生的地平線，光線漸漸黯淡下去。

我下車，走進蘆葦叢生的濕地，試著踩著乾枯的蘆葦梗，朝沼澤深處跋涉。天色昏暗，荒草萋萋，一群鷗鷺突然驚起，撲啦啦地飛走，嚇了我一跳。我驚魂未定地立在那裡，耳畔是什麼東西緩緩的划水聲，一下，兩下，格外清晰。

我突然意識到，此刻只有我一個人，天地之間只有我一個人，而這是一件多麼孤獨的事……

我轉身往回走，腳上沾滿了濕泥，越走越重。

烏鶇用自己的歌聲吹奏死人的骨頭。

——特朗斯特羅默，〈音響〉

回到車裡，打開引擎，就著儀錶盤的光亮，捧起那桶卡本內弗朗喝了兩口。天完全黑了，整個世界像一張褪色的舊照片。我的心情漸漸平靜下來，甚至有點嘲笑自己。

我打開大燈，穿過黑暗的平原，駛向佩奇。

第二章

物理老師的祕密往事，兩個啞巴，賴奇克勞動營

1

冬天在歐洲旅行，最苦白晝短暫。因此我總是天不亮起床，洗澡，泡紅茶，然後借助筆記型電腦和旅行指南確定當天的行程。我喜歡自由散漫的計畫，雖然腦子裡會有一條大致線路，但一般只在當天才決定這一天的落腳點。這樣做得益於我感興趣的地方大多不是過於熱門的目的地，加之冬天並非歐洲的旺季，即便不提前訂房，也不愁找不到住處。

此刻，我一邊喝著熱紅茶，一邊將目光鎖定在西北偏北的巴拉頓湖。那是中歐最大的淡水湖，南岸的「匈牙利夏都」希歐福克曾是匈牙利共產黨高層專享的度假勝地，被稱為「匈牙利的伊比薩島」。

從佩奇到希歐福克，走六十一號公路有一百二十公里。在匈牙利，標注了M的是高速公

路，規定時速為每小時一百一十公里；只有數字的是雙向單行車道，可以開到每小時六十公里。然而諺語說「有規則就有例外」。在這裡，毋寧說「有規則但全是例外」。當我以每小時六十公里的速度行駛時，後面的車總會一轟油門超過我，絕塵而去。

我並不想趕時間，因為我已經迎著冬天的清晨上路了。我翻過一座座丘陵，經過一片片樹林，一種行雲流水的感覺漸漸滿溢身心。天空被淡淡的烏雲籠罩，路邊不時出現提示有麋鹿的路牌。這就是歐洲腹地，如果用音樂來形容，就像拉赫瑪尼諾夫的《第三鋼琴協奏曲》。長長的旋律線，在一個極狹窄的音域裡蜿蜒，帶著民謠式的憂鬱，可是掩蓋不住其後寬廣的歌唱性。有時候，丘陵的下坡坡度有四十度，這時候便有滑翔機俯衝大地的快感。

天亮了，霧從四面八方打開它的包袱。或許是那冷金屬色的天光已與霧氣融為一體，難分你我。窗外是大片枯黃的玉米地，一個巨大的十字架矗立在霧中，顯得又白又濕，走近了才看清上面寫著：Latos Miklós (1917~2002)。

我很想瞭解這位先生的過去、他的一生，但周圍連一個人也沒有，而且我已經開了很久沒見到人煙了。

越接近巴拉頓湖區，周圍的景色就越加狂野：荒地、小溪、火燒過一樣的枯樹。一棵白樺孤獨地立在田野裡，枝杈上有幾十個鳥巢，不堪重負地支撐著。

我想起二戰時德軍的最後一次攻勢，就是在巴拉頓湖進行的。那是一九四五年三月六日，希特勒集中了殘存的德軍精銳裝甲部隊，包括私人衛隊「阿道夫・希特勒」警衛旗隊裝甲師，向巴拉頓湖區的烏克蘭第三方面軍展開大規模的裝甲進攻，代號「驚蟄」行動。

當時，軸心國的失敗已不可避免，然而希特勒仍準備放手一搏。據說，連史達林對希特勒選擇在匈牙利發起最後的進攻也深感意外。因為是暖春，巴拉頓湖兩岸泥濘不堪，淤泥有時深及膝蓋。對於裝甲來說，這是毀滅性的災難。在最初的小勝後，德軍逐漸潰敗，倖存的士兵幾乎是徒手逃回到奧地利。希特勒命令他的私人衛隊取下帶有他名字的袖章，因為「他們已經被證明不配享有這種榮譽了」，這些袖章被放進一隻水桶裡上繳。一個半月後，蘇軍攻克了柏林。

我們永遠不可能開始新的生活，我們只能夠繼續把舊的生活過下去。

——因惹・卡爾特斯，《非關命運》

希歐福克無疑是一座夏天的城市，在冬天則一片沉寂。我開到湖畔空曠的停車場，下車沿湖岸走了二十多分鐘。夏日的遊船都收起了桅杆，停駐在岸邊，像宣佈息影的演員。仍然表演的只有野鴨和天鵝，它們游著泳，不時把修長的脖頸軋進冰冷的湖水裡。我在離湖邊不遠的餐廳坐下來喝咖啡，吃起司蛋糕。蛋糕的分量很大，咖啡則又香又濃。湖面上霧氣很重，看不到對岸的景致，也辨別不出湖面的寬度，那感覺就像是走到世界盡頭，只能喟嘆一聲停下來。

冬天的希歐福克幾乎看不到觀光客的影子，只有穿著普通的當地人來來往往。那些以遊客為對象的酒吧、旅館和度假村大都關門了，有些門口還掛著夏天招徠顧客的海報。火車站附近的公園裡有一座教堂——擁有一雙長著濃密睫毛的大眼睛，外形酷似貓頭鷹。這是匈牙利建築師伊姆雷．馬科維茨的作品。一群黑色烏鴉從公園的樹林上方掠過，兩隻白色的鷗鳥站在教堂門口，一邊小步跳躍著，一邊以審慎的目光打量四周。

教堂沒有開門，但空地上有三個小孩子在追逐玩耍。他們穿得鼓鼓囊囊的，毛線帽上的橘紅色絨球上下飛舞。一對年輕情侶正站在教堂前，拿小卡片機自拍，見我從旁邊走過，便問我能否給他們拍照。

鏡頭裡，兩人的面頰緊緊貼在一起，臉上是永恆凝固的幸福表情。我問他們從哪裡來。

「維爾紐斯，」男孩說：「立陶宛。」

他們還在讀大學，明年夏天畢業，利用最後的假期開車一路玩到這裡。

「畢業後打算做什麼？」

男孩告訴我，他申請了美國的研究生，而女孩會留在當地工作。

我與他們道別，並祝他們一切順利。他們牽著手離開。

二十一歲——無論對未來還是愛情，都充滿絕對信心的年齡。

我走回停車場，覺得可以繼續上路了。

2

我開上M3高速公路，之後轉M7，朝埃格爾一路駛去。二百四十五公里的路程，中途加了油，還在加油站旁的麥當勞吃了巨無霸漢堡，喝了黑咖啡。到埃格爾時，已是傍晚時分。

埃格爾是一座古典氣息濃郁的小城，保存完好的巴洛克建築隨處可見。我在離老城中心很近的地方找了家旅舍住下。透過窗玻璃，可以望見方濟各會教堂的尖頂。我把剩下的維拉尼紅葡萄酒一飲而盡，然後趁著暖意出門。

我沿著人行道走過一些店鋪，穿過小巷，轉上大街，那兒有被燈火點亮的聖誕集市，再過去便是埃格爾大教堂。天氣很冷，又有霧，可教堂看上去非常雄偉。

我很快就喜歡上了埃格爾的氣氛——小而緊湊，古意盎然。最重要的是，人們仍然生活在那些老房子裡，仍然去那些老教堂禮拜。

我向伊斯特萬．多博廣場方向走，路上有一座四十米高的尖塔。它是一座清真寺的附屬建築，標誌著十六世紀鄂圖曼土耳其帝國入侵歐洲的最北端。從這裡拐進去，便看見身披甲冑的老伊斯特萬矗立在廣場中心，俯瞰著來往的行人。叫他老伊斯特萬，是因為按照匈牙利語的習慣，姓是放在名之前的。

一五五二年，伊斯特萬率領著兩千名士兵與進犯的十萬土耳其大軍對峙了一個月。當時，作為獨立國家的匈牙利已不復存在，土耳其人早已佔領了大片匈牙利的土地，自然沒把一個小小的埃格爾放在眼裡。然而，埃格爾人以高尚、堅強的精神投入了戰鬥。在決定性的反圍攻戰中，女性也加入了戰鬥，她們站在城牆上，將燒開的樹脂澆在敵人身上。

謠言開始在土耳其軍隊中肆虐。他們認為埃格爾人之所以如此勇猛，是因為喝了公牛血。他們並不知道，埃格爾盛產一種顏色如公牛血的紅葡萄酒。士兵們痛飲了葡萄酒，鬍子也被染得血紅，顯得殺氣騰騰。土耳其人被擊敗了，埃格爾獲得了拯救，伊斯特萬成為匈牙利的民族英雄，而公牛血紅酒成為匈牙利最著名的紅葡萄酒。

一個國家的飲食傳統總是與民族情結相互作用，這樣兩者便都獲得了傳奇性與正當性。記得小時候去巷口排隊買油條，祖母便告訴我，那油條炸的是秦檜夫婦，於是知道了那些排隊的大爺大媽吃的是民族大義。此刻，看著老伊斯特萬的雕像，我也非常想喝一杯埃格爾公牛血紅葡萄酒，向英勇的埃格爾人民致敬。

不過，且讓我先去埃格爾大教堂坐坐。在冬天的歐洲旅行，我漸漸習慣了走進教堂。尤其在聖誕期間，店鋪關門，但教堂總是開著。有時候在外面走冷了，或者天氣不好，我就會隨便走進一所教堂，坐一坐，讓自己暖和過來。

我喜歡推開教堂大門時那股木頭的味道，裡面總是很暗，而且靜悄悄。我朝埃格爾大教堂走去，世界像下雪一樣寧靜，我突然想起今晚是平安夜。

一個吉普賽女人坐在教堂門口的石階上，我從口袋裡摸出兩枚硬幣給她。教堂裡只點了幾盞燈，又黑又靜。我坐在木製長椅上，只能看到聖像模糊的輪廓。我坐了十分鐘，想站起來的時候，我又讓自己多坐了一會兒。之後，我走出教堂，把剩下的硬幣也給了吉普賽女人。不知為什麼，她的臉讓我想起在奧斯維辛集中營看到的那些受難者的照片。

我穿過馬路，走過圖書館和氣象臺，街上張燈結綵，可沒什麼路人。一個醉漢提著酒瓶子走過，嘴裡嘟囔著什麼。兩個司機發生車輛擦撞，正站在路中央互相咒罵，卻沒有圍觀群眾。平安夜的埃格爾是如此寂靜，人都去了哪裡呢？我想著在國內，人們恐怕已經開始準備狂歡了。

我總算發現一家人滿為患的餐廳，有看上去不錯的匈牙利家常菜。只有兩桌顧客在店裡用餐，其餘人都在等著打包帶走。

我排到隊尾等候。站在我前面的是個三十多歲的男人，身材很瘦，穿著棕色皮夾克，高高的鼻樑上架著一副圓形的黑邊眼鏡，已經微微有些禿頭，深藍色的毛線帽子攥在手裡。他跟我打了個招呼，我也向他點頭致意。他問我是不是遊客。

「是的，特意來這裡旅行，想看看匈牙利冬天的樣子。」我說。

「非常安靜，對嗎？」

「比我想像的還安靜。」我回答。

他是埃格爾一所高中的物理老師，沒有孩子，只有他和妻子一起生活。

「平安夜不在家裡做點菜吃？」我問。

他有些靦腆地一笑，說妻子不太善於廚藝，他們的晚餐都從這家餐廳買回去吃。他環顧了一下周圍：「很道地的餐廳，也不貴。」

「是的，看上去相當不錯。」

輪到物理老師點菜了。他一邊點，服務員一邊麻利地打包。這時，他突然轉身問我：「你願意來我家一起吃晚餐嗎？」

我臉上的表情一定有些錯愕，但是一個陌生人的善意總讓人難以拒絕，更何況我也好奇一個匈牙利物理老師的家庭。

「如果不太麻煩的話，」我說：「謝謝！」

我們一起走出餐廳，走進埃格爾的平安夜。他一隻手提著菜，另一隻手把毛線帽戴到頭上。他住在兩條街以外的住宅區，樓下有一家小酒吧還開著門，幾個年輕人正站在門口抽菸。物理老師告訴我，他就住在酒吧上面那個房間。

他妻子開了門，一隻拉布拉多犬跑過來又磨又蹭。他妻子看到我顯然有些吃驚。物理老師解釋了一番，把菜遞給她，她微笑著向我打了招呼，便進了廚房。

房間鋪著木地板，暖氣燒得很足。靠窗那面牆邊擺著一個書架，除了書，還有物理老師和妻子的合影。另一面牆邊是一架鋼琴。琴上蓋著桌布，上面擺了不少小玩具，看樣子似乎已經有段時間沒人彈奏了。房間不算很大，但是兩個人生活綽綽有餘。

我們在餐桌前坐下。物理老師開了一瓶紅酒，妻子已把菜分盤上桌。每個人面前都有酒杯、刀叉和盤子。我們碰杯，祝彼此聖誕快樂，然後一邊吃飯，一邊談著一些無關緊要的話題。

「你知道嗎，開始我以為你是日本人，」物理老師說：「我之前接待過一個日本年輕人。」

「有很多日本人來這裡旅行嗎？」我問。

「是這樣的，我在一家民宿網站上註冊後，一個日本人就發信聯繫我，大概是兩個月前的事了。相比中國人，來這裡旅行的日本人還算不少。」

「你感覺中國人和日本人的差別大嗎？」

「外表上我很難看出有什麼不同，」物理老師笑著說：「但日本人的英語不是太好，所以很難和他們進行太多交流。不過我問了他對中日關係緊張的看法。」

「他說什麼？」

「他說，他並不關心政治，很多日本年輕人也不關心，他們甚至不知道現在的日本首相是誰。」

相比一個沒人關心政治的社會，一個人人都熱衷參與政治的社會，反而更可怕——只有極權時代才會出現這樣的情況。

我們很自然地談起蘇聯時代的記憶。

物理老師喝了一口紅酒，像在追憶非常久遠的事情。然後他鄭重告訴我，他是猶太人。

二戰時，他的祖父母經歷過非常可怕的歲月。他們原本住在布達佩斯，一九四四年夏天被送進波蘭的集中營。他們負責做苦力，僥倖活了下來。

二戰結束後，為了忘掉過去，一家人遷居埃格爾。他們隱瞞了猶太人的身分，沒有跟任何人透露。他們甚至皈依了天主教，也不再按照猶太人的習慣禮拜和生活。他們擔心，一旦暴露自己的真實身分，將來可能再遭厄運。

他們保守身分的祕密。在很長一段時間裡，甚至連兒女也不知道這些事情。直到要去布達佩斯上大學之前，物理老師的父母才告訴了他過去的一切。

「我帶著強烈的震驚離開了埃格爾。」物理老師說。

那時，蘇聯已經解體，社會主義陣營的巨變彷彿發生在一夜之間。他開始去布達佩斯的猶太教堂，參加猶太社團的活動，也與一些猶太裔的年輕人成為朋友。他開始用心閱讀《舊約聖經》。在此之前，他對猶太民族的歷史感到十分隔膜。

畢業以後，物理老師回到埃格爾工作。他說，除了布達佩斯，匈牙利的猶太人數量已經十分稀少，在埃格爾就更少，但他仍和布達佩斯的猶太社團保持聯繫。

「猶太人的目前狀況還好嗎？」我問。

「很難用好與不好來回答，」物理老師說：「一旦遇上天災人禍、經濟衰退，首當其衝的總是猶太人——自古以來都是如此。」

我想起歐洲歷史學家約瑟夫・P・伯恩在《黑死病》一書中寫到的情景。當時，猶太人被認為是瘟疫的源頭，於是遭到滅絕性的屠殺。而這些年，因為歐債危機和經濟不景氣，對猶太人的仇恨又在歐洲，尤其是匈牙利復燃。一個叫「Jobbik」（意為「更好的匈牙利」）的法西斯政黨獲得了不少支持，其領導人甚至進入了歐洲議會。

「有意思的是，經過媒體調查，這個人實際上擁有猶太血統。和我的祖母一樣，她的外祖母是猶太人，而且是大屠殺的倖存者。報導出來之後，這個人就被Jobbik組織清除了，但是這個黨派的勢力仍然很大。」

「你對未來有過擔憂嗎？」我問。

「猶太民族總是時刻準備受難，這是我們從歷史中得到的經驗，」物理老師說：「在這個層面上，你可以說猶太人從來沒有停止過對未來的擔憂。」

他微笑著舉起酒杯，於是我也舉起我的。

「我們能做的只有祈禱。」他說。

回旅館的路上，我的腦海裡一直迴響著這句話。夜空爽朗，點點繁星彷彿教堂的蠟燭。然而，在這處處隱藏著暴力的世界上，我們真的能夠掌握自己的命運嗎？那些悲劇和苦難、戰爭和屠殺真的能夠不再上演嗎？

我想，是不能的。

那麼，我們能做的，確實只有祈禱而已。

3

陽光從閣樓的窗玻璃斜灑下來，教堂的鐘聲隱隱傳來。我步行去Café L'Antico吃早餐，這是當地人買聖誕糕點的地方。蛋糕很新鮮，奶油十分厚重，沉甸甸的像這個國家給人的感覺。

我沿著科蘇特・拉約什大街漫步，走過猶太教堂改建的美術館，穿過聖誕集市，回到伊斯特萬・多博廣場。從這裡，一條小路將我引向城市的最高點——埃格爾城堡。城堡的大門開著，幾門鐵砲對著山下的城市。庭院裡是當年的主教宮殿，現在改為博物館。博物館沒有開門，只有一隻黃貓在庭院裡散步。

我登上石頭壘成的城牆垛，整座城市在冬日的陽光下鋪展開來：紅瓦黃牆的巴洛克建築、教堂的尖頂、郊外的農田和葡萄園。一輛黑色的火車頭吞吐著白煙從城外駛過，蒸汽機的聲音經過空氣折射，若有若無地飄過來，像黯然而溫柔的低語。我站在那裡，望著眼前的世界，黃貓不知什麼時候跟了過來，在我的腳邊閒晃。

雖然伊斯特萬・多博在一五五二年阻止了土耳其軍隊的進攻，捍衛了匈牙利的尊嚴，但是四十四年後土耳其人捲土重來，最終攻佔了埃格爾。他們對這座城市的統治直到一六八七年才結束。那一年，也是鄂圖曼帝國漸漸衰落、匈牙利走向復甦的開始。

那時的中國是康熙二十六年，三藩之亂已平，臺灣業已收復，帝國正步入盛世。而匈牙利經歷了一個半世紀的佔領，一半國土淪為了荒地和沼澤。

城牆下方，我看到一個斯洛伐克家庭談笑著走過。兩個小男孩一路奔跑，登上雜草叢生的山頂，那裡有三座比真人還高的十字架，墓碑般矗立著。他們抱住十字架，歡快地朝下面大聲呼喊。

不過三百多年前，山頂上還飄揚著鄂圖曼帝國的馬尾旗，整個歐洲都為之搖搖欲墜，而如今一切都已顯得那麼遙遠，甚至遙不可及。

在城市的邊緣，土耳其人給埃格爾留下的最後紀念是一座土耳其浴室——在一度破敗不堪的遺址上，剛剛經歷完漫長的重建。與之相鄰的大主教花園曾是羅馬教皇的私人花園，現在則作為城市公園對外開放。公園裡的溫泉同樣是匈牙利建築師馬科維茨的作品。我走在公園的林蔭路上，經過冒著熱氣的露天泳池，一條棕色的水管連接著公園外的小河。沿著小河走，不久就到了埃格爾火車站。

我喜歡火車站，因為它像一幕話劇的逼真佈景，也是一座城市的風情寫照。悲歡離合在這裡上演，也在這裡結束。在火車站，旅行者可以得到關於一座城市的全部想像。

賓夕法尼亞車站具備紐約所有的神祕，維多利亞車站則有倫敦巨大的陰鬱和疲憊。

——毛姆，《客廳裡的紳士》

埃格爾火車站小而安靜，唯一的月臺像演出結束後的劇場一樣空曠。月臺下停著開往布達佩斯的列車，還有半小時就發車了，可此刻的車廂依然空蕩蕩，一副永遠不會駛離的樣子。一個背著旅行包的匈牙利女人，站在車站入口處打電話。栗色長髮，黑色大衣，一邊聽著電話，一邊默默流淚。我不知道她為什麼哭泣，整個車站只有我們兩個人。我看到她的旅行包上印著「紐約！紐約！」的字樣。可在這個無人的火車站，紐約就像一個虛無縹緲的幻影。我從她身邊走過時，她看了我一眼，目光中有一絲恍惚，彷彿在尋找什麼。

車站盡頭，午後的陽光照射著三輛廢棄的車皮，上面畫著俏皮的塗鴉。透過車窗，我看見裡面的小桌子、皮座椅和遺落在地板上的藍色手帕。車廂在湧動的光線下栩栩如生，宛如靜物寫生的場所。我突然想到，我一定也在尋找著什麼場所：一處能坐下來思考人生的場所，讓我感到歸宿的場所。否則我為什麼會在聖誕這天遊蕩在埃格爾，遊蕩在火車站，看著一個女人獨自飲泣？

我沿著火車站外的大街走，街角處是一家還在營業的酒吧。我走進去，看到兩個啞巴坐在那裡，喝大杯摻水的伏特加。一個穿著灰色帽衫，一個穿著灰色大衣，互相打著手語，臉都喝得紅紅的。吧檯上，一個邋遢的老人無動於衷地對著尚有幾分姿色的女招待。他把杯子喝乾，又要了一杯摻水的百齡罈威士忌，黑褲子髒兮兮的，摘下鴨舌帽後，頭上是一圈帽子壓出的印記。

——貧窮的匈牙利工人階級，我意識到，並且感到一種歸宿。

我坐下來，要了一杯匈牙利 Arany Ászok 啤酒。兩個啞巴舉杯向我致意。他們已經有點醉了，嗓子裡發出含混不清的咕嚕聲。女招待不耐煩地看著眼前的一切——今天是聖誕，她想早點回家。

我看了看牆上的告示，離關門時間還有一小時。穿帽衫的啞巴敲了敲桌面，示意再加兩杯。女招待拿著抹布跑了過來。

「沒啦，」她大聲說，彷彿對方是聾子而非啞巴，「要關門了。」

穿帽衫的啞巴神情激動地指著告示理論，女招待插著腰，底氣十足地反駁。最後，她把兩只空杯子抄走，扔進吧檯後的洗碗槽，便對啞巴不聞不問了。

夕陽透過窗玻璃照射進來，桌面一片金色。那個老人喝完酒，搖搖晃晃地站起來，從兜裡摸出一把紙幣，付了酒帳。他戴上鴨舌帽，目光迷離地走出門，沿著大街走了。

酒吧裡只剩下我和兩個啞巴。穿灰色大衣的啞巴朝我聳聳肩，然後讚賞地伸出大拇指，我也朝他伸出大拇指——女招待注視著我們。我知道，如果我再不加緊喝完這杯該死的啤酒，她的憤怒最終會轉移到我頭上。

我醉酒的靈魂比這個世界上所有死去的聖誕樹更悲傷。

——查爾斯．布考斯基

一朵烏雲遮蔽了太陽，屋內暗了下來。沒了酒的啞巴，好像兩個犯了錯誤、等待家長認領的孩子，顯得無所適從。

我喝完酒，放下錢，起身離去。經過兩個啞巴時，他們和我揮手告別。兩個不錯的啞巴，我想，就像《心是孤獨的獵手》裡那兩個啞巴。

我往旅館走，過了一個路口再回頭。女招待已經拉下了酒吧的大門，而兩個啞巴依然站在門前交流，不肯離去。

我想，他們只是兩個惺惺相惜的啞巴。在聖誕節這天，渴望找到一個溫暖的場所在這浮世上。

4

當我發現賴奇克就位於埃格爾以西二十七公里時，我決定驅車前去拜訪。很多年前，一次偶然的機會，我看了一部叫作《逃離賴奇克》的匈牙利電影，從此賴奇克這個名字就深深地印在了腦海裡。

賴奇克是匈牙利的「古拉格」。一九五〇年夏天至一九五三年夏天，這裡關押了大批匈牙利的政治犯和異見人士。《逃離賴奇克》講述了唯一一個活著逃出賴奇克的囚犯的故事。他逃到西方後，將獄友們的名字公諸於世，這才讓外界瞭解到賴奇克勞動營的存在。此前，在匈牙利當局的官方紀錄裡，賴奇克一直是隱形的、虛構的、不存在的場所。

我駕駛Polo出城，沿二十四號公路行駛。丘陵與山谷間是松林和山毛櫸，山丘的向陽面則是大片葡萄園。這條路從埃格爾到珍珠市，堪稱匈牙利最美的公路。我想像著夏天來臨時，眼前一定是一片生機盎然的景象。那些最初被祕密送到賴奇克的人們大概不會料到，如此生機勃勃的場景與地獄般的恐怖只有寸步之遙。

賴奇克是個普通到不能再普通的村莊。我轉了一圈，沒有發現任何特別之處。兩邊的房子是普通的石房子，街上也看不到什麼人。儘管是冬天，陽光依然熾烈地透過車窗射進車內，可是外面的風很大，一開窗就會把暖意瞬間捲走。我向路邊一位村民打聽勞動營，她沒抬眼皮地指了指村南的一條公路。我不確定她是否聽懂了我的意思，但除此之外，似乎也沒有其他辦法。

我沿著那條公路開去，兩旁的風景越來越荒涼。風掠過山丘和樹梢，吹得車身呼呼作響。看來我已經偏離了主幹道。就在我準備調頭返回之時，突然看到路邊有一塊指示牌——賴奇克勞動營就在這條路的前方。

如今，人們在勞動營的遺址上建起一座紀念公園。一九五三年秋天，迫於西方壓力，匈牙利當局釋放了那些還僥倖存活的政治犯，前提是他們必須簽署保密協議，不向任何人透露勞動營的情況。此後，當局祕密拆除了鐵絲網和牢房，盡量不留下任何痕跡。賴奇克勞動營成為嚴防死守的祕密。

祕密直到蘇聯解體前夕才被倖存者戳破。他們通過媒體發聲，傾吐往事，尋找獄友，還成立了賴奇克協會。二十世紀九〇年代，根據這些倖存者的共同記憶，賴奇克勞動營在原址上部分重建並豎起一座紀念碑，意在讓後人銘記歷史。更重要的是，不再讓悲劇重演。

我穿過鐵絲網，經過瞭望塔，來到紀念碑前。它的外形就像兩面傾圮的圍牆，互相倚靠。牆壁上刻著一千三百名遇難者的姓名，四周是一片荒野，再遠處是僻靜的山林。松樹還是綠色的，闊葉植物則已枝葉盡落，像掃把一樣支撐著天空。

附近有一間牢房模樣的舊木房子，被改建為紀念館，收藏囚犯的遺物。展廳裡還陳列著很多照片：犯人舉著姓名牌的正側面照、各類刑罰的示意圖……原來讓人遭罪的花樣如此之多，更不要說還有精神上的箝制——而遭受這一切苦難，只是因為這些人與當局的思想不同。

囚犯們每天要進行十四個小時的重體力勞動，卻只能得到極其有限的食物。他們被迫啃樹皮，挖樹根，吃春天剛冒芽的青草。由於長期營養不良，他們的牙齒脱落，體重鋭減，死去時往往不及來時體重的一半。他們的屍體被隨便扔進山林之中，任由野獸和烏鴉叼走……六十年過去了，我站在這裡依舊能感受到歷史的咄咄寒意。

在布達佩斯時，我也經歷過這麼觸目驚心的一刻。那是在安德拉什大街的「恐怖博物館」——與著名的李斯特故居僅一街之隔。博物館曾是納粹的「箭十字黨」黨部，後來成為匈牙利當局的祕密監獄。與賴奇克勞動營一樣，同一時期的布達佩斯也充斥著祕密審判、刑罰和屠殺。不僅是匈牙利，波蘭、羅馬尼亞、捷克斯洛伐克，乃至整個歐洲腹地，都發生過相似的災難。

這裡已經豎立起一座座紀念碑，而在許多地方，墓碑僅存在於少數倖存者的記憶裡。站在賴奇克的荒野上，我突然感到一陣持續性的恐懼。它緊緊地懾住我，像海浪不斷衝擊著堤岸。我知道，幽靈不曾遠去，它就在不遠處徘徊，就像《魔戒》中的戒靈蓄勢以待。如果未經徹底清算，它就不會歸於塵土。總有一天，將以不可遏止的勢頭捲土重來。

惡和它的飢餓還很年輕……

——多多，〈癡呆山上〉

我回到二十四號公路，翻越匈牙利的最高峰馬特拉山。峰迴路轉的盤山路，兩邊是幽深的山毛櫸林。山上的積雪還未融化，像棉絮一樣覆蓋在大片荒草甸上。鷹在乾淨的天空盤旋，俯視著一切。

群山之中，是沉睡了一千多年的火山群。這裡過去是苦寒之地，如今則散落著一些度假村。匈牙利的中產家庭開著車來這裡喝葡萄酒，呼吸新鮮空氣。我在臨近珍珠市的一家度假村吃了鷹嘴豆牛肉湯和麵包，從這裡上M3高速，一路向西，離布達佩斯不過八十公里。

車內廣播正在播放貝多芬的奏鳴曲，窗外是一片片連綿起伏的田野。匈奴人、馬扎爾人、蒙古人、土耳其人、德國人、蘇聯人都相繼踏上過這片土地，現在它在霧中一片寂靜。

第三章

布爾諾之星，異鄉人，冬之旅

1

一切順利。歐洲巴士公司的大巴一如往常準時進站。我也一眼看到那個吃炸雞、喝啤酒的少年。他是斯洛伐克人，恕我沒問他的姓名。他一坐到我旁邊的座位上，便脫掉羽絨服，露出與時令毫不相稱的短袖。他埋頭吃著炸雞——貌似是隔夜貨色，因為紙桶邊緣已經浸透油漬，炸雞看上去也疲塌塌，失去應有的尊嚴，可少年仍然狼吞虎嚥——急需補充蛋白質的年齡。

此刻，大巴已將布達佩斯甩在身後，一路向著西偏北方向駛去。我想起，我曾經走過這條路，不過那是一年前，從相反方向前往布達佩斯。如今再走，是想去捷克的第二大城市布爾諾，再從那裡租車環遊摩拉維亞地區。

冬天日短，很快就到了黃昏時分。我看到窗外壯觀的白色風車群，像巨人佇立在半明半暗的曠野上。記憶中，此地離維也納不遠，牙科與美容業格外發達。大批維也納人會開車過境，來這裡享受廉價的匈牙利服務。

之前，我通過網站預訂了布爾諾市區的一間民宿公寓。從照片看，主人是一個孤獨的羅馬尼亞女子，名叫瑪麗亞。看著窗外漸漸熄滅的世界，我開始回想自己為何會預訂她的公寓——我本可以在汽車站外隨便找一家旅舍敷衍一夜的。

或許因為她那張孤獨的照片？或許因為她是獨自生活在捷克的羅馬尼亞女人？或許僅是一時衝動？無論出於何種原因，我都要承受相應的後果，夜晚到達布爾諾後找到瑪麗亞的公寓，而所能憑藉的只有一張捏得汗津津的、寫有地址的字條。

吃炸雞的少年已經戴著耳機睡去。啤酒罐插在座椅前的網兜裡，T恤上猶有炸雞的碎屑。車上的大部分人也都睡了，他們是回家的本地人，再睜開眼就是溫馨的家，因此大可無憂無慮地酣睡。只有我凝視著窗外，對將要抵達的城市茫然無知，預感這一夜將會格外漫長。

大巴在布拉提斯拉瓦停靠半小時。這座斯洛伐克的首都，像離地球最遠的星球一樣黯淡。車站外，一條土狗搖晃著尾巴，跑過一家瀕臨倒閉的酒吧。除了梅賽德斯—賓士的廣告牌，我幾乎沒看到什麼發光的物體。

一年前，我曾在布拉提斯拉瓦短暫停留。我還記得一個為脫衣舞酒吧拉生意的小販衝我大喊：「你永遠不會再來這裡了！」我的確沒找到再來的理由，然而這輛開往捷克的大巴卻將我拋在此地。

我看到吃炸雞的少年穿上羽絨服下了車，很快消失在布拉提斯拉瓦的夜色中。我把他遺留下的炸雞桶帶下車，扔進垃圾箱，感到一陣飢餓。我在車站裡走了一圈，沒發現什麼像樣的地方，只有一個公共汽車改裝的餐吧，唯一的顧客是廚師本人。我回到半空的大巴上，伴著炸雞的餘味，閉上眼睛。

我很快就會進入捷克的地界，只是窗外的景物已經無從辨認。大巴經過了一些晦暗不清的小鎮，當我看到一個稍大點的城鎮時，我想布爾諾也許快到了。車上的人開始收拾東西。我幫一個女人拿下行李架上的背包，然後問她：「到布爾諾還有多久？」

「這就是布爾諾。」她以不容爭辯的口氣說。

「已經到了？」

「到了。」

我跳下車，呼吸著捷克夜晚的空氣。沒錯，這的確是布爾諾——捷克的第二大城市，摩拉維亞州的首府。汽車站緊鄰著火車站，走出去便是縱橫交錯的電車軌道。對面是一排旅館和餐廳，人們進進出出，展示著一座小城市的夜生活。同車的人很快作鳥獸散。

他們的旅程已經結束，而我的剛剛開始。

2

瑪麗亞的公寓離市中心只有四站電車，可電車剛開出兩站，周圍就變成了冷清的社會主義郊區——布爾諾的核心區域是可以步行丈量的。空曠的街邊停滿十年前甚至更早的斯柯達、飛雅特和福斯，加上頗有年代感的建築，宛如一座露天懷舊博物館。車廂裡只有幾位乘客，都戴著帽子，沉默不語。電車與鐵軌的摩擦聲，撕扯著靜悄悄的夜晚。

我在斯拉夫大街下車，街上空無一人。天空呈現出一種深沉的寶藍色，可以看到灰色的雲朵迅疾流動。路邊是一致性的兩層小樓，有些點著燈，但聽不到一點聲音，人們似乎都在不聲不響地生活。

我試圖想像在這樣的城市長久居住的生活。我會從超市買回很多食物和酒，每晚自己做飯，然後打開檯燈閱讀。實在無聊的時候，就去街角的小酒館喝上幾杯。我會找到一個好女子，與她一起生活，生兒育女。除此之外，我實在想像不出還有什麼可能性。

我會喜歡這樣的日子嗎？我邊走邊想，然後意識到，這裡也是赫拉巴爾和楊納傑克的老家。

瑪麗亞的公寓同樣位於一棟兩層小樓裡，只有一層的房間亮著燈。我按下門鈴，一個女人快步走來的聲音。

「嗨，你好，我是瑪麗亞。」開門的女人說。

她和照片中的樣子相差不遠，只是膚色蒼白，如同時光久遠的油畫，褪去了一層色彩。她穿著白色家居服，紅色拖鞋，大概剛剛洗過澡，頭髮還帶著潮乎乎的香氣。

她領著我走進我的房間，就在她房間的對面。隔壁則是廚房兼餐廳，可以泡茶、煮咖啡或烤麵包片。

「如果想喝酒或吃東西，冰箱裡也有。」她邊說邊拉開冰箱門。我看到裡面有起司、袋裝蔬菜和半打「布爾諾之星」啤酒。

「還可以接受嗎？」她笑著問我。

「非常好。」我回答。

等我收拾完行李，到廚房找吃的，看見瑪麗亞正倚在窗前，對著大街抽菸。

「希望你別介意，」她對我說：「這東西還戒不了。」

「幹嘛要戒呢？」

她笑了。「確實也沒什麼非戒不可的理由，這大概是一個人生活的好處。」

「喜歡一個人生活？」我問。

「至少沒太多壞處。」她抖了一下菸灰，彷彿抖下生活的重負，「你呢？為什麼來布爾諾？」

我告訴她，我打算從這裡租車前往奧洛摩次，之後或許再一路北上。

「我去過奧洛摩次，很安靜的地方。」

「布爾諾也很安靜。」

「和布拉格比起來，這裡確實像是另外一個世界。」

我問她為什麼會來這裡。因為我知道很多羅馬尼亞人都去布拉格、巴黎或者米蘭。瑪麗亞說，她的第一份工作是在布爾諾找到的，一家叫「怪獸」的獵頭公司，之後就留在了這裡，也漸漸適應這裡的生活。

「其實對於去哪裡生活我一向開放，」她說：「唯一的信念就是離開羅馬尼亞。」

「為什麼？」

「那裡的政治太腐敗，讓人感到窒息。你知道嗎？布加勒斯特有上百萬隻流浪狗，它們整天在街頭遊蕩，沒人照料，自生自滅，這差不多就是羅馬尼亞的縮影。」

我告訴她，我看過一部羅馬尼亞電影《橡樹》，是路西安・品特萊導演的，不過那已經是很久以前的事了。

> 也許有那麼一天，不知道是過了多少個和平日，也不知道是在哪一個未來，我回到那有連綿群山的國度去，就是夢中我騎著白豬飛去的地方。人們說，那裡就是我的家鄉。
>
> ——赫塔・米勒，《呼吸鞦韆》

瑪麗亞掐滅菸蒂，問我要不要吃點什麼，或者，喝上一杯。

我從冰箱裡拿出兩罐「布爾諾之星」，遞給她一罐，然後切了一小塊起司，又用袋裝蔬菜簡單地做了一份油醋沙拉。我們小口喝著啤酒，那種微帶苦味的捷克比爾森啤酒。透過窗玻璃，能看到昏黃的街燈晃動著夜晚，瑪麗亞的側臉因此有了一層桃子般的光暈。

瑪麗亞告訴我，她之前有過一個室友，是一個學建築的捷克女孩，就住在我那個房間。後來她去了英國，而瑪麗亞不想搬家，也不想再找一個長期室友。她在短租網站做了登記，心情好的時候就把房間租出去。如果申請人不合心意，就乾脆讓房間空著。

「這麼說，我算幸運的了。」

「你大老遠從中國來，我怎麼能拒絕你？」

我和她碰了一下杯。和剛才相比，她的臉色似乎已不那麼蒼白，但有一種細碎的、閃爍的孤寂。

我問她平時喜歡做什麼。

「看書、聽音樂、練瑜伽。凡是可以一個人做的事情都做得津津有味，不會覺得無聊。週末有時也會和朋友一起去酒吧，不過還是和自己相處的時間更多。」

「有過男朋友？」

「當然，」瑪麗亞笑了，「只是相處一段時間後發現，那種建立在共同生活基礎上的固定關係並不是我想要的。」

她喝了一口啤酒。鼻樑骨在光影之下顯得小巧而高挺，睫毛好像米色的蛾翅，歇落在臉頰上。

「我更喜歡陌生人間的善意和理解，那種沒有附加條件的愛，」她的手指撥弄著啤酒罐的鋁環，「當一個人愛你，他並不是想從你身上得到同樣的回報，而僅僅是出於一種愛的本能。我喜歡這樣的感覺，它讓我覺得溫暖，沒有負擔。」

我點點頭。「因為是陌生人，這種愛大概也是短暫和偶然的。」

「可能吧，可又有什麼關係呢？」瑪麗亞微笑著，「而且，因為是陌生人，即便得不到這些，你也不會覺得失落。」

「這和旅行的感覺很像，除非你非常富有，一切都用錢打通，否則總需要依靠陌生人的善意，才能走到下一個地方。」

「旅行，在某種程度上，也就是人生的模擬吧。」

「或者說，戲仿。」

「你去過很多地方嗎？」

「不算很多，」我回答：「不過旅行改變了我，所以我能理解你剛才說的意思。」

「謝謝。」瑪麗亞又點起一支菸，深深吸了一口，一陣白霧在我們之間升起。可我卻突然覺得她不那麼神祕了，彷彿從那張孤黯的照片中分娩出來，仍然保留著一顆少女之心。因為這個發現，我感到十分欣慰。

「還要再喝點嗎？」她搖了搖空了的罐子。
「為什麼不？」
「再來點音樂？」
「太好了！」
「我喜歡捷克啤酒。」
「每天都喝？」
「對。」
「我也喜歡，」我笑著說：「說不定這才是我來布爾諾的原因。」
瑪麗亞放起賽門與葛芬柯的老歌，我們一邊聽一邊喝啤酒打發時間。有一陣子，我們都不再說話，任由思緒沉浸在歌聲裡。

在那場閃爍不定的對話中，幾聲膚淺的嘆息，就是你我生活的邊界。
——賽門與葛芬柯，《閃爍不定的對話》

3

布爾諾的清晨，電車響著鈴鐺駛過晨霧剛剛散去的街道。我看到一夥人穿著西裝和大衣，戴著禮帽的老人相扶走向教堂。捲心菜廣場上行人寥落，店鋪大都還未開門，唯有街角小酒館的招牌早早亮著，門上寫著營業時間「6AM-4AM」。

我從門前走過，看到裡面已經坐了幾個人，迷迷糊糊地端著啤酒杯，喝著他們的「叫醒酒」(wake-up drink)。我很想走進去，與他們一一碰杯，但我還要趕往布爾諾機場。在那裡，租車行為我準備了下一段旅程的用車——一輛飛雅特熊貓。

布爾諾機場距市區七公里，形狀宛如趴在荒野上的外太空生物。候機大廳空無一人，因為整個上午都沒有航班起落。全天也僅有飛往莫斯科和倫敦的兩個班次。

租車行小姐顯然盼了我好久，所以一見到我就迫不及待地說起英文。大意是責怪我遲到了半個多小時，要我支付二十歐「罰款」。她是個胖乎乎的金髮女子，胸部豐滿，穿著高領毛衣和牛仔褲，飄散的古龍水味道彷彿昨夜的情慾。考慮到整座機場就她可憐的一個人，我把一張嶄新的二十歐紙幣交給了她。

「還沒吃早飯吧？」我問。

「什麼？」

「早飯。」

「這裡沒有賣早飯的。」

「我是說妳還沒吃早飯吧？」

車行女孩聳了聳肩，算是回答了我的問題。她找出一串鑰匙，帶我走向外面的停車場。

如果說我在匈牙利租的Polo足可令我脫穎而出，那麼這輛白色飛雅特熊貓毫無疑問會讓我泯然眾人。我看了看儀錶盤，已經開了十四萬公里。無論坐墊還是椅背，看上去都歷經滄桑，像屠夫的圍裙，帶著日積月累的汙漬。

車行女孩把租賃合同交給我，轉身欲走。我問她是否需要搭車回城。

「什麼？」

「搭車，我可以送你回布爾諾。」

她以手術刀般異樣的眼神上下掃了我兩眼，隨即得出結論：「不了，我還是搭公共汽車吧。」

她轉身離去，只留下一陣若有若無的古龍水氣息。

我裝好導航，一路開回瑪麗亞的公寓。她剛剛起床，正拿吹風機吹頭髮。我與她告別，告訴她我要上路了，後會有期。

「我們還會見面嗎？」她問。

「也許，不過再見面的話，我們就不算陌生人了。」

「你說的對，所以我希望再見到你，又不希望。女人很奇怪，是不是？」

「這個世界不也很奇怪嗎？」

「祝你在這個奇怪的世界上一切順利。」

「妳也一樣。」

我開著飛雅特熊貓駛出布爾諾。天氣非常好，陽光燦爛得給人夏日之感。我看見大片枯黃的麥田在風中跌宕，麥稈閃著金色的光芒。不時經過一條靜靜流淌的溪流，摩拉維亞的村莊坐落其側，教堂與世無爭地矗立，寧靜得如同巴比松畫派的風景畫。

我沒有直接開上通向奧洛摩次的高速公路，而是走一條蜿蜒的小路，前往摩拉維亞的斯拉夫科夫。那裡爆發過三大帝國間的戰役，拿破崙的大軍最終擊敗了奧匈帝國與沙皇俄國的聯軍。

決戰發生在斯拉夫科夫以西十二公里處的荒野中。我開車在附近兜了幾圈，終於找到了那座小山包，如今那裡矗立著一座和平紀念碑。我把車停在山腳下，步行走到山頂。遠山平緩，綠色的田野一望無盡。從雲縫間洩露的天光，照射在遠處黃紅相間的村莊上，讓人無法想像這裡曾經發生過慘烈的戰爭。

紀念碑是磚石結構，像一座白色佛塔，後面立著法、奧、俄三國及歐盟的旗幟，無遮無攔地面對著田野和樹林。我看到一個老婦從山腳下走上來，穿著捷克農人的冬衣，圍著駝色羊毛頭巾。她從我身邊走過，並沒有注意到我。她徑直走到紀念碑前，凝視片刻，然後轉身面對浩蕩的田野。陽光照在她的身上，山風拂動她的頭巾，她就這麼站在那裡，臉上的皺紋如刀刻一般。我想，她也許就住在附近的村子裡，從年輕時就來這裡玩耍。對她來說，緬懷早已不再重要，因為除了這座紀念碑，大地已把一切過往埋葬——它只是無窮無盡的現在時。

我喜歡這種「天地不仁」的感覺，它讓我明白一切都沒那麼重要。如同冬枯夏榮，其實早有安排，人世的成敗也同樣如此。我們真的可以改變什麼嗎？我站在山上想。抑或，我們只是命運的傀儡？

我想起在印度，在佛陀講法的靈鷲山上，我也曾想過這個問題。當我下山時，我看到黑瘦的乞討者伸出像天線一樣的手。是的，旅行讓我一次次確認人生的虛無，然後在隨波逐流中繼續我的人生。

我離開斯拉夫科夫，開上高速公路，在麥浪中不辨方向，到達奧洛摩次時已是黃昏時分。

4

我把車停在旅館門口，提著行李進門。門廳裡鋪著栗色的絨毛地毯，上面是吸塵器留下的縱橫交錯的痕跡。前臺是一個年輕女子，對我報以熱情的微笑。我把證件交給她，看到她手腕上套著兩根橡皮筋。

「房間就在旁邊，可以先放行李。」她說。

等我把行李放好回來，她已經用橡皮筋把頭髮紮了起來。

「只住一晚？」

「是的，明天去波蘭。」
「有車？」
「在門外停著。」
她微笑著把護照還給我。於是我問她在這裡工作多久了。
「我是奧洛摩次大學哲學系的學生，在這裡做兼職而已。」她告訴我。
「哲學系怎麼樣？」
「挺不錯，有時間做兼職。」
「賺錢比哲學有意思？」
「也不見得，」她把一綹頭髮別到耳後，「只是讓生活豐富多彩一點。」
「參差多態是幸福本源，羅素說的。」
「你也是學哲學的？」
「不，我自學成才。」
女子笑起來：「你真有趣！」
「那我就把這當成讚美了。」
「好吧，你可以這麼認為，」女子說：「知道嗎，你是今天最後一個客人。」
「抱歉，讓妳久等了。」
「沒關係，反正可以早走，」她看了看錶，「冬天沒什麼客人。」

「可能吧。」

「奧洛摩次是大學城，現在放假了，沒什麼人，」她聳了聳肩，「不過我和朋友晚上去參加舞會。」

「什麼舞會？」

「就是跳舞唄，在另外一個朋友家裡。你去嗎？」

「我上年紀了。」

「你還行，還不老。」

「真的嗎？」我笑了，「那好吧，寫個地址給我，我出門逛逛再去。」

她撕了一張便箋紙，寫上地址遞給我。我折好，放進兜裡，然後戴上圍巾出門。

我走在奧洛摩次的夜色中。太陽落山後，氣溫便急轉直下，空氣中有股松枝凍裂的氣味。我加快步伐，讓自己漸漸暖和過來。上城廣場上的人還不少，「三位一體」聖柱在暮色中彰顯出中世紀的威嚴。廣場顯得很宏大，可能是布拉格廣場之後捷克的第二大廣場。但是相比早被遊客佔領的前者，這裡要低調內斂很多。廣場兩側有幾家餐廳和商店的燈光在閃爍，鵝卵石路面的盡頭停著幾輛小汽車。很多本地人拿著熱紅酒，聚在廣場拐角的那家酒吧門前交談——這是飯前喝上一杯的時間。

我走過人群，紛飛的捷克語如雨點般灑在我身上，等我走過去，一切又恢復了安靜。我經過市政廳和天文時鐘，進入相對僻靜的小巷。窗子裡透出的燈火，點燃了昏黃的街道。

我路過一座教堂，門開著，裡面只點著一盞吊燈。我就在椅子上坐了一會，試著分辨四周的壁畫。光線過於暗淡，我只能看到壁畫模糊的淡影，那是一個垂死者跪在聖塞巴斯蒂安面前。

我突然明白，這幅壁畫與黑死病有關，而奧洛摩次曾是一座被瘟疫和死亡籠罩的城市。黑死病是一種腺鼠疫，但在中世紀一直被認為是上帝對人類的懲罰。這種疾病在歐洲蔓延過數次，歐洲三分之一的人口因此喪命。奧洛摩次的下城廣場上，至今矗立著瑪麗安黑死病紀念柱，紀念一七一四年至一七一六年的那場大瘟疫。

壁畫中，塞巴斯蒂安是一副受難者的姿態。他生活在三世紀中後期，是一名士兵，因信仰天主教被判處死刑，卻在箭雨中奇跡般地活了下來。人們之所以向他祈禱，是因為他身受箭傷而不死。

箭，一直以來就是上帝向人類發起疾病的隱喻。

把我的箭向他們射盡。

——《舊約・申命記》

我感到一陣寒意，便走出教堂，走進空曠的街道。天空中成群的烏鴉彷彿夜的碎片，紛紛揚揚。我走過教堂附近的一個電車廠，院子裡停滿電車，鐵軌像黑色的血管，從四面八方伸向洞開的鐵門。一個戴著棉帽的工人在給車輛做最後的檢修。街燈搖晃，把周圍的一切啃得模模糊糊。我突然有一種奇怪的感覺，這些電車在眨眼，做鬼臉，只等檢修工一走就會活過來，成為夜晚真正的主人。

那麼我呢？

我不過是在偶然的時間，偶然地出現在這座城市罷了。我不會擁有它，它也休想佔有我，我們只是短暫擁抱，就像酒吧相遇的姻緣，酒醒之後便音訊全無。

我終於走進一家路邊的小酒館，裡面暖洋洋的，電視正播放足球比賽，廚房飄來炸薯條的香味。當地人三五成群地坐在一起，聊天，看電視，有一搭沒一搭地喝啤酒。在歐洲腹地的冬天，只有神聖的教堂和世俗的酒館，讓我感到滿血復活。它們就像虛空之中的兩個圓圈，交集便是人類生活的核心。我必須感謝它們，沒有它們的存在，我將成為無家可歸的幽靈。

一男一女走進來。他們一邊與侍者打招呼，一邊脫掉大衣，露出裡面的短袖T恤。女人點了摩拉維亞白葡萄酒，男人點了啤酒，一端上來，就迫不及待地喝了一大口，鬍子上沾滿白色的啤酒沫。女人戴著漂亮的大圓耳環，優雅地晃動杯子。

看著他們，我突然意識到自己只是一個人的事實。倘若不是處於渴望之中，一個人可以是巨大的快樂。然而在奧洛摩次，「一個人」又是雙重意義上的：不僅是一個人，而且是一個身在異鄉的人。當然，那感覺不壞。

我一邊這麼想，一邊點了一杯一六二三年建廠的奧斯拉瓦尼啤酒，又點了一客牛排和一份煎奧洛摩次起司。奧洛摩次起司略帶臭味，但與啤酒非常相稱。我就著冷冽的啤酒，將牛排和起司一掃而光，然後又要了一杯。這次我喝得很慢，一邊小口呷著，一邊琢磨接下來的行程。

第二天一早，我將開車翻越蘇臺德山，進入波蘭，到達西里西亞的首府弗羅茨瓦夫。在長達兩個世紀的時間裡，那裡都是普魯士和德國的領土，直到二戰結束後，才重新劃歸波蘭。與摩拉維亞相比，西里西亞又是另外一段不同的故事了。

但是我知道，我並非全然為歷史而去。旅行時，我總是拿出地圖，測算自己與邊境的距離。很多時候，我只是希望找到一條可以穿越的邊境，抵達一個可以抵達的場所。對我來說，「抵達」這一行為本身就可以構成旅行的全部意義。

我喝完啤酒，付了帳，然後走出酒館。這是漫長的一天。明天我將離開奧洛摩次，離開摩拉維亞。我把前臺女子寫的字條拿出來，看那上面的地址。年輕女子的筆跡，不禁讓人莞爾。但今晚的我老了，不打算再去跳舞。

5

第二天清晨，飛雅特熊貓的車窗上結滿了冰霜。我啟動汽車，等待引擎的熱量慢慢將冰霜融化。我去旁邊的麵包店買了新鮮出爐的羊角麵包和現磨咖啡，翻了翻當地報紙。太陽出來後，冰霜融化得像潰不成軍的戰場。

開出奧洛摩次，很快便進入山區，房子越來越少，車也越來越少。飛雅特熊貓的廣播開始出現訊號不清的「沙沙」聲，那是接近邊境時才會有的「小奏鳴曲」。蘇臺德山脈位於德國、波蘭、捷克三國邊境，北向東走向，長約三百公里，由一系列平行山脈組成。我對它的瞭解源於二戰的歷史。一九三八年，希特勒吞併了德語居民佔多數的蘇臺德地區，成為第二次世界大戰的導火線。

我行駛在僻靜的林間公路上，兩旁的森林隨山勢起伏，恍如一匹冬青色的綢緞。天空框在行道樹構成的堤岸間，像一條倒掛流淌的白色大河。周圍沒有行人，也看不到村落。只有我和車，在天與地、山與林之間穿行。

我喜歡這樣的感覺——速度所帶來的單純喜悅。因為缺乏一定的對照物，那感覺又像是在光滑無痕的平面上靜止不動。此時能聽一點舒伯特就好了，我想。如果可以的話，希望是《冬之旅》。

《冬之旅》敘述了冬天裡一位失戀者的孤獨旅行。二十四首歌詞，都來自威廉·米勒的詩作。創作這些歌時，舒伯特不過三十歲，和我一樣的年齡。然而歌曲中的情緒卻是如此陰冷而悲傷，彷彿在感嘆人生的晚景。果然，在完成這些歌曲後的第二年，舒伯特就離開了人世。

我打開一點車窗，清涼的空氣湧了進來。周圍的風景已經越來越荒涼，我應是在向著山中更深處前進。我開過一段砂石路，然後是一段新鋪就的瀝青路，這樣開了幾公里，一排紅色的隔離墩將前路徹底阻住。隔離墩後面，仍有一條瀝青公路通向森林深處。我想，那應該是波蘭方向，可怎樣繞行過去呢？

我熄火，下車，周圍一下子安靜下來，甚至連溪水和鳥鳴也沒有。我走過去檢查隔離墩，試著搬動其中一個，可是它紋絲不動。我環顧四周，想找到一條小路，果然發現森林深處有一條土路。那其實很難說是路，只是一條勉強容得下一輛微型轎車的小徑，看上去像是伐木工人進出森林時用的。我把車小心翼翼地開進去，高大的樹木包圍著我。色調灰暗的樹幹，遮天蔽日的枝葉。小路彎彎曲曲，細碎的陽光像小銀魚在林間跳躍。GPS已經徹底失去訊號，畫面上只有一個孤獨的藍點。

路越走越窄，樹木漸漸從路中間橫生出來。我終於不得不把車停下來，因為已徹底置身於森林深處。我打開車門，下車，深深地吸了一口氣。湧進鼻腔的氣息是如此清新，簡直如飲醇醪，並且一團一塊地混雜著森林幽冷的清香。周遭半明半暗，腳下滿是落葉和羊齒，什麼地方似有小溪流淌，水流聲隱隱傳來。我仔細環顧四周，環顧密林，可是看不到絲毫人跡。我想，如果此時有虎狼從林間緩緩走出，我也一點都不會感到意外。

在這裡住上一段時間應該不錯，我想，除了需要面對未知的恐懼——我究竟身在何處？這條小路最終通向哪裡？我還能找到回去的路嗎？答案不得而知。我突然感到一陣陰冷，因為這個世界上還有許許多多我所不知道的事情。

我在狹小的空間裡掉頭，按原路返回，所幸路線大致還記得。花了比來時更長的時間，我終於回到森林的入口。隔離墩仍然立在道路中央，風翕動著樹葉，一切似乎都沒什麼變化。這時，我注意到半山上有一座小木屋，煙囪裡冒著煙，看來有人居住。剛才怎麼沒有發現呢？我一邊想著，一邊沿著碎石路驅車上去。轉過一道彎，發現木屋前還有一個院子，裡面停著一輛大眾旅行車。

可能聽到引擎的聲音吧，我剛下車，門開了，一個男人探出頭來。他大約四十來歲，穿著格紋襯衫和棉坎肩，藍色牛仔褲，戴著一副圓邊眼鏡，留著棕色絡腮鬍。頭髮也是棕色的濃密鬈髮。他一手扶著門框，一手插在褲兜裡，一隻白色薩摩耶從後面探出頭。

「你好，」我說：「我從這裡路過，請問附近有路通向波蘭嗎？」

「山那邊就是波蘭了，」男人以流利的英語回答：「可是這條路封死了。」

「從那片森林裡能不能穿過去？」

「森林嗎？」男人搖著頭，「那裡是穿不過去的。」

「那麼森林通向哪裡？我看到有條小路。」

「哪裡都不通，裡面只有森林而已。」

我想著他的話，腦海中浮現出一片無邊無際、沒有盡頭的森林。

「那有什麼辦法去波蘭的弗羅茨瓦夫？」

「你要往回開二十多公里到順佩爾克，那裡有路通向波蘭。」
「順佩爾克？」
「對，那是附近比較大的城鎮。」
我向他表示感謝，他說不用。我問他是不是在這裡居住。
「這是我放假時來住的鄉村木屋，」男人回答：「這裡空氣很好，非常安靜，適合讀書、思考。」
「看起來很棒。」
「如果願意，還可以去森林裡散步。但是要小心不能走得太深，否則可能會迷路。」
「你在這裡也會迷路？」
「任何人都會迷路，我們對周圍世界的瞭解並沒有我們想像的多。」
「你做什麼工作？」
「我在大學教歷史。中世紀史，具體來說。」
「一定很有意思。」
男人微笑著。「你從哪裡來？」
「中國。」
「你好，」他用不那麼標準的中文說道：「要不要進來坐坐？」
我看了看錶，「非常想，可是還得儘快趕到弗羅茨瓦夫。」

男人點點頭。「那麼，祝你好運，年輕人！」

我與他揮手告別，一路開回順佩爾克，再從那裡開上一條北上的公路。我翻過幾座山脈，一路都能看到行李架上綁著滑雪橇的汽車「嗖嗖」駛過。山間有白色的滑雪道，在陽光下閃光。我在象徵波蘭國界的路牌前停車。除此之外，沒有別的標誌或哨卡，只是一切文字都突然從捷克語變為波蘭語。邊境線是多麼有趣的存在：這條看不見的線，竟可以區分兩個國家、兩個種族、兩種文化。

我停在這裡，靜靜回想我在摩拉維亞的日子。吃炸雞的男孩、瑪麗亞、做兼職的哲學系女子、休假的歷史老師，一切都像是霧中風景。

我踩下油門，進入波蘭。

第四章

弗羅茨瓦夫與平行世界，葉子和臭鼬，一場風暴的結語

1

波蘭，總讓我感到一種悲情。它的名字似乎有一種天然的雌性氣息：憂鬱、纖弱甚至帶點受虐意味。給我這樣印象的國家，除了波蘭，還有烏克蘭。它們都不幸夾在德國和俄羅斯這兩個雄性掠食國家之間，註定了坎坷的命運：國境線總在變遷，人民總在遷徙，總是成為戰爭和殺戮的犧牲品。對它們來說，無論親近德國還是俄羅斯，都不是什麼好的選擇。所以一九四四年，荷蘭作家奧黛特．基恩寫道：「對波蘭來說，最好的出路就是加入大英帝國。」

她顯然高估了帝國的運勢——從印度到加勒比，從馬來半島到埃及，帝國的衰退是如此迅速，以至於不過三十年之後，作家簡．莫里斯就只能在《大不列顛治下的和平》三部曲

中追憶帝國的榮光了。

「這他媽的是怎麼回事？」記得在印巴邊境城市阿姆利則，一位擁有帝國情結的英國佬紅著眼問我。他的目標是走遍英國所有的舊殖民地。

「對不起，他喝多了，」他的馬來籍妻子說，然後又要了一瓶冰鎮翠鳥啤酒，「他就是三瓶的量，喝到第二瓶時就愛胡言亂語。」

我開著飛雅特熊貓沖出蘇臺德山區，進入沃野千里的西里西亞平原。我突然明白，理解西里西亞成為各方角逐的對象，就像理解英國醉漢的憤怒一樣輕鬆。窗外的土地委實過於平坦，過於肥沃了，而且就在德國嘴邊。它一望無際地伸向遠方，與波蘭大平原連為一體，直至波羅的海沿岸。在那裡，它又將與俄國的「飛地」加里寧格勒相遇。這真是命中注定的悲劇。像所有悲劇一樣，難以置信，但又千真萬確。

同樣難以置信又千真萬確的是，這條通往弗羅茨瓦夫的鄉野公路居然堵車了。很多車調頭轉向，但這似乎並未使現狀有所改觀。我跟在車龍後面，除了田野和樹木，周圍幾乎看不到什麼像樣的房子。前面的司機打開車窗，抽起了菸，後面的司機戴著墨鏡，打起電話。我反覆撥弄著收音機電臺，幾乎所有臺都在喋喋不休地播放波蘭語脫口秀，而這無助於緩解焦慮。我關掉收音機，無所事事地想起科塔薩爾有一篇描寫堵車的小說。但那是通往巴黎的高速公路，可不是什麼波蘭邊境線附近的小路！

我總算看到路邊有家孤獨的小超市，馬上像個逃兵一樣溜出隊伍。超市裡的貨物都帶著一副陳舊的歷史感，只有熟食櫃檯擺滿新鮮的香腸。旁邊有張鐵桌子，兼做餐桌和酒桌之用。此時只有一個留著濃密八字鬍的老頭，坐在那裡喝啤酒。他的眼睛濕漉漉的，已經喝到對周圍熟視無睹的程度。我聞到熟食櫃檯裡的肉香，才想起自己一上午都沒吃什麼東西。我身上沒有波蘭茲羅提，只好羞愧地拿出歐元，一邊比畫一邊向店主指著櫃檯裡那條最誘人的香腸。他賣給了我，還找了我幾枚茲羅提，這樣剛好又夠買一小杯啤酒。

我在老頭對面坐下，他並未看我一眼，這讓我對他的興趣激增。我切了一截香腸，把盤子推到他面前。他不動聲色地把啤酒喝完，起身離去。他像個修士一樣，輕手輕腳地推開門，走進室外的白光中。門關上了，彷彿野獸把光線重新吞噬。

我把啤酒當作烈酒，只是偶爾呷上一口。等把香腸吃完，我就走出這家小超市。大地一片寬廣，一隊大雁飛過天空，車龍神奇地不見了，彷彿堵車從來就沒有發生過，或者只是在另一個平行世界發生的事情。

「這他媽的是怎麼回事？」我心裡嘟囔著那個英國佬的話。毫無疑問，這是比大英帝國的衰落更難解釋的事情。

我再次上路，經過一座小城，城外有幾家大型超市，之後是住宅區，然後是城中心的教堂和殘存的十八世紀建築——一座歐洲內陸小城的標配。生活在這裡是便利和安靜的，又是沉悶和無聊的。每個路人都面無表情地走著，儘管陽光耀眼，卻有種陰沉的一致性。他們的靈魂大概也都皺著眉頭。難怪歐洲人會喜歡東南亞，那裡火熱的生活，熱帶的生命力，如同瘋長的藤蔓，一定讓他們大為驚嘆。

自己沒有的就是好的——人類的天性。對他們來說，東南亞是這個同一性的世界上唯一不同的地方，甚至連神佛都是歡喜的、微笑的，不是愁眉苦臉的受難相。

人總得不時換換口味吧，這有助於身心愉悅，我想。所以，旅行就像走到另一個街面，嚐嚐新館子：今天西班牙菜，明天印度菜，後天義大利菜……不過吃來吃去，你總有一天會發現，披薩餅就是餡餅，義大利麵就是米線，起司就是豆腐，牛排就是烤肉，沙拉就是東北大拌菜，海鮮飯就是潮汕砂鍋粥……旅行的意義，就此變得虛無。我見過不少遊蕩半生，間隔年數次的旅行者，最終變為熟視無睹的「廢人」。

我知道，我必須延宕自己成為「廢人」的過程，就像足球運動員維護自己的職業生命。延宕的訣竅之一，就是在旅途中盡量把自己置於不熟悉、無情調的境地。強烈的衝擊容易讓人懈怠，平淡無奇反而能讓厭倦來得遲緩一點。

比如，我訂的酒店在弗羅茨瓦夫市中心四公里以外。對於一座中歐城市，這已經算是城郊了。我把車停在酒店空曠的停車場，成群的烏鴉正黑壓壓地飛過，「呱呱」叫個不停。

房間在十六樓，可以看見一定程度上的風景——不是美麗的奧得河，不是老城櫛比鱗次的屋頂，而是一座半荒廢的體育場，一片社會主義氣息的住宅區，駐滿鳥巢的行道樹，以及停著我那輛飛雅特熊貓的停車場。讓我再次感到欣慰的是，房間同樣以毫無特色的極簡主義風格取勝——白牆、白床單、原木寫字檯，而不是什麼精品酒店時下流行的風格。

我離開房間，在大堂裡碰到一群參加宴會的波蘭人。餐廳經理正忙得團團轉，所有人都忙得團團轉，連門童都被動員起來擺桌子。前臺女孩告訴我，今晚會有一百人在這裡用餐。我祝他們好運，推門走出去，知道今晚有了不必急著回來的理由。

外面空氣冷冽，但並非不可忍受。我沒有開車，而是沿著馬路步行。街道很乾淨，波蘭女人的顏值明顯高於匈牙利。電車轟鳴著駛向老城，載著面無表情的人們。夜幕一旦降臨，弗羅茨瓦夫似乎就更有了一種憂鬱感——那是中歐的味道。

2

我跳上一輛電車，看到一些人提著購物袋，才意識到新年快到了。如無意外，我會在弗羅茨瓦夫度過這個沒什麼特別之處的特別日子。我望著窗外漸漸暗下去的街景，試圖回想自己上一個新年是在哪裡過的，但腦海中一片空白。不知從什麼時候起，節日於我變成了無足重輕的苦行。我唯一的期望，變成了盡量不動聲色地把這些日子度過去。我不會去參加什麼集會，也不會刻意買那些根本用不上的禮物，我也盡量避免在那個日子去餐廳。找機會放縱自己一把？算了吧，我寧願把放縱留在平時。我該欣喜於自己的成熟嗎？還是遺憾於自己的冷漠？

我想像著此刻的北京，熟悉的街道一定已被節日的燈火點亮——可以想像的人群，可以想像的場景。然而，在弗羅茨瓦夫，車窗外的世界是如此沉寂。那都是一些沒多少歷史的建築，連教堂也是新建的。我知道，一九四五年弗羅茨瓦夫回歸波蘭時，只剩下一個空殼。二戰的砲火將這座城市七成的建築夷為了平地。

雕刻天使笑容的人們，現在他們的子孫正在推動加農砲彈。

——齊別根紐．赫貝特

在這輛馬力十足的電車上，我突然想到一九四五年的新年。那時的弗羅茨瓦夫還不是現在的名字。它叫布雷斯勞。一七四〇年成為普魯士的領土後，它就開始叫這個德文名字了。長久以來，它是一座種族混雜的城市，但百分之九十五以上的人口是德國人。到了一九四五年，經過納粹的清洗，它成了一座徹頭徹尾的德國城市。

一九四五年初，布雷斯勞的居民不會有任何喜悅。它們即將成為納粹「要塞」政策的「砲灰」。這一政策要求布雷斯勞承擔騎士時代要塞堡壘的功能：主動被盟軍圍困，然後盡可能拖住盟軍兵力，為柏林贏得時間。

沿著此刻電車行駛的道路，平民首先被撤離到城市南郊。因為德國人相信，為了合圍柏林，蘇軍會從城市北部發起攻擊。那一年的天氣異常寒冷，大雪紛飛，僅僅是步行撤離，就讓一萬八千人喪命，其中大部分是兒童。

撤離的人群中有愛爾莎・布勞恩——希特勒的情婦愛娃・布勞恩的姐姐。她坐火車回到柏林，被愛娃接進豪華酒店（今天的凱賓斯基大酒店）。她講了她在布雷斯勞的見聞，抱怨希特勒正把國家拖進深淵。愛娃憤怒地指責姐姐不知感恩，應該被拉出去槍斃。

蘇軍的大規模進攻從城市的南部發起，這出乎德國人的預料，也讓那些剛剛搬遷過來的平民成為砲火的犧牲品。我正穿過的這片街區就是巷戰的主戰場，這就是為什麼放眼望去，所有的建築都是新的。

負責圍困布雷斯勞的是蘇聯元帥伊萬・科涅夫。他急於拿下這座城市，希望搶在朱可夫元帥之前攻佔柏林。這將是載入史冊的戰役，也會讓他在和朱可夫一生的較量中佔據上風。這就不難理解，為何就殘酷性而言，布雷斯勞之圍可以和史達林格勒保衛戰相提並論。轟炸是前菜和甜點，砲擊和巷戰是主菜。城市交通很快被切斷，所有彈藥和物資都靠駐守波希米亞和巴伐利亞的德國空軍空投。凱撒大街被整個推平，勞工和戰俘用生命鋪建出一條飛機起降跑道。

最初，人們覺得容克88型轟炸機像天使一樣美麗，但很快發現，那是被盟軍繳獲的戰機，投下的不是補給，而是炸彈。蘇軍同樣傷亡慘重，當他們最終佔領了城市南郊，士兵們展示了戰爭激發出的人類的全部獸性。正在軍中服役的索忍尼辛回憶：「士兵們都很清楚地知道，所有德國女孩都可以被任意強姦，然後殺掉。」

一九四五年五月七日，在將近三個月的圍城之後，布雷斯勞終於投降。它是納粹德國最後一座陷落的城市——在柏林投降後，又苦撐了五天。倖存的布雷斯勞居民從地窖中爬出來，發現眼前是一個完全陌生的世界：到處是彈孔和廢墟，幾乎沒有什麼像樣的建築。他們丟失了自己的房子、財產和親人，也將丟失這座城市的名字——名字和命運往往聯繫在一起。

如果失去廢墟，我們就一無所有。

——齊別根紐．赫貝特

我下了車，穿過車流，進入老城。這是一塊鵝卵石形狀的區域，在奧得河南岸，也是弗羅茨瓦夫的歷史中心。市場廣場非常宏大，是波蘭第二大廣場，僅次於克拉科夫。它的氣魄和風格也很容易讓人聯想到後者。我看不出什麼戰爭遺留的痕跡。如果有什麼蛛絲馬跡，那它們也被暮色和粗俗的鐳射燈遮蔽了。無論市政廳、聖伊麗莎白教堂，還是別的什麼古跡，都有一種涅槃重生的光輝，彷彿一個二流的童話場景。

現在，市場廣場上正搭建巨大的舞臺，燈光和吊臂攝影車已經就位，大概明天晚上會有一場盛大的跨年晚會。

他們開始測試音響。重低音砲突然響起，讓腳下的石頭發出震顫。所有人都受驚似的抬起頭，尋找聲源。

——難道蘇聯人又來了嗎？

人們的臉上帶著催眠過的神情，然後隨著強勁的音樂節奏，變為漠然。只有一隊德國老年旅行團饒有興致地駐足，彼此興奮地說著這裡曾經的母語。

氣溫比白天明顯下降了，我能感到風透過羊皮手套，順著指尖往上鑽。跨年的時候，氣溫肯定會降到零度以下吧？晚會的歌手和舞蹈演員將何以自處？還是對波蘭人來說，冰點根本不算什麼？

我換了一筆錢，一身輕鬆地走出來，想到自己早上還在捷克的奧洛摩次，而此刻已經懷揣鉅款站在波蘭的廣場上，不由感到一陣塵埃落定的愜意。我很快為此付出了代價。

廣場一側是一串以低價酒水為噱頭進行惡性競爭的酒吧。我幾乎沒動腦地走了進去，點了一杯啤酒、一份波蘭餃子，然後才仔細端詳菜單。

毫無疑問，這是一家僅僅從菜單就能看出不怎樣的餐廳。無論哪個國家，遊客集中的區域都有這樣一些餐廳，它們唯一的資本是佔據了核心位置，靠哄騙傻傻的外國遊客維持生意。在這裡，你能有幸享受到這個國家最不地道的食物、最差的服務，以及最名不副實的價格。每次路過這樣的餐廳，透過窗戶看到那些可憐的用餐者，我都會忍不住怒吼：「這樣的餐廳之所以還活著，就是因為你們這群遊客！」然而現在，我竟然也成了其中的一員，非常遊客地坐在遊客中間，吃著莫名其妙的波蘭餃子。

在旅遊已經相當普遍的今天，「遊客」（tourist）似乎已經變成一個格調不高的概念，暗含著淺薄、低俗之意。更高檔的說法是「旅行者」（traveler）。

因為「travel」一詞，來自古老的拉丁語，與宗教朝聖中的苦行和精神昇華有關。在古代，旅行的最初形態和唯一目的就是朝聖。

我憤憤不平地胡思亂想，然後突然意識到，我竟然把餃子吃完了，甚至還包括籃子裡的麵包，以及那盤不太新鮮的生菜沙拉。這讓我想起一則笑話：

這裡的東西太難吃了，而且份量太少。

——伍迪．艾倫，《安妮．霍爾》

我旁邊是幾個剛剛相識的年輕人，有男有女。每個人手裡都拿著一杯「螺絲起子」。顯然，這裡廉價的酒水，讓他們手舞足蹈，眼睛放光。

「這裡的酒太便宜了。」

「對了，你們知道哪兒能搞到『葉子』嗎？」

「我認識一個人。」

「他能搞到『臭鼬』嗎？」

……

原來，他們都是英國人，居住城市相距不遠，又在弗羅茨瓦夫的酒吧相遇。他們來這裡的唯一原因，是酒便宜，而且能搞到「葉子」——與歷史無關，與文化無關，與旅行無關。他們臉上長著青春痘和雀斑，張揚著年輕的神色，放縱著青春的活力。這將是他們飛翔的一夜。酒精不過是調情，葉子不過是助燃劑，性愛不過是水到渠成，高潮將像銀河一樣氾濫。

他們旁若無人，又喋喋不休，我突然感到自己的格格不入：一種硬物感，像懷裡揣著一塊鐵。一方面，我坐在一群外國人中間，是一個種族意義上的局外人；另一方面，他們所談論的話題，他們的生活方式，是我無法參與和加入的，這又是另一個層面的格格不入。

我要了一杯螺絲起子，帶著一絲失落喝下去，然後又要了一杯。酒精就像籌碼，在快樂的一端不斷加注，直到它徹底壓過失落的一端。這時如果你繼續喝下去，快樂看似會繼續增長，但失落最終會在第二天早上反敗為勝。

我走出酒吧，穿過廣場，經過佈景舞臺。很奇怪，酒精沒讓我暖和起來。或許那裡根本就沒有多少酒精，不過是兩杯加了冰塊的橙汁。這種可能性的好處是，我補充了足夠多的維生素C。

在電車站，我看了一下時刻表，在一番專心的研究和思考後得出結論，電車會在十分鐘左右後到來。我看著天上的下弦月，一顆人造衛星快速飛過。

電車來了。它載我穿行在夜色中的城市——安靜極了。那些飛馳而過的街道，那些閃爍的燈光，又像在召喚過去，召喚幽靈。我突然意識到，世界上至少有兩個弗羅茨瓦夫——

在平行的世界裡，它們並行不悖。

3

第二天早上，太陽照常工作，但多少有點怠工。天空陰沉沉的，像給城市加了個黑白濾鏡。這倒是和我心目中的（舊照片中的）弗羅茨瓦夫更接近。停車場上，我的飛雅特熊貓鶴立雞群，因為根本沒有別的「雞」。它孤零零地停在那裡，結滿冰霜，好像荒原上一隻被凍僵的駝鹿。我把它喚醒，而車廂裡積蓄一夜的寒氣也徹底喚醒了我。

這是一年的最後一天，路上幾乎暢行無阻。那些戰後才建起來的房子，氣色看上去不錯，因為又過了一年，它們都高興於自己越來越有歷史感了。店鋪大都沒有開門，到處偃旗息鼓。節日，在國內是黃金週，是商機，是報復性消費，在歐洲卻是一年中最肅靜的時刻。

我把車停在古城的巷子裡，在人還不多的廣場上蹓躂。白天，市政廳看上去氣勢更加宏大，裡面有市民藝術博物館，展示著黃金工藝品和弗羅茨瓦夫的民間傳説。廣場上棲息著鴿子，有一面建築被刷成了四五種顏色，像積木一樣矗立著。廣場西側的兵工廠是一座十五世紀的建築，如今改建為軍事博物館，但也因為假日歇業。開門的只有那一串照顧遊客的酒吧，它們現在又順應時勢地變為經營歐陸早餐的咖啡廳。

我發現，每個酒吧門口都三五成群地站著一些「異人」，可能是龐克或者嬉皮，要麼就是兩者以任意比例的混合。他們看上去傻透了，都有莫西干髮型、髒兮兮的辮子、黑皮靴、鐵鍊子、鼻環或唇環。但他們有本事將這種傻氣轉換為一種良好的自我感覺，一種無畏，一種近乎精神病的優越感。世界的每個角落似乎都少不了這群人的身影，以至於我常常思考：什麼樣的雇主會雇用這些人？他們究竟以何維生？

我很高興地注意到，在街角的另一撮人裡，有昨晚那幾個英國孩子。有了「異人」的映襯，他們正常得就像倫敦城市大學二年級的學生。顯而易見，他們狂歡了一夜沒回酒店。現在，兩個男孩在抽菸，一個女孩半裸地癱在牆邊，還有一個女孩——那個自稱能搞到葉子的女孩——不知去向。

我盤算著她去哪兒了，這像是一道哥德巴赫猜想：

a. 她搞葉子把人搞丟了；

b. 她沒搞到葉子不好意思回來了；

c. 她搞到了葉子但決定據為己有；

d. 她被能搞到葉子的人搞走了；

……

我聽到一聲喧譁，有什麼事正在發生。一個龐克用酒瓶爆了一個嬉皮的頭。我看到嬉皮倒在地上，旁邊是一地碎玻璃。這事突如其來，沒人知道為什麼，答案也不在風中。所有人都望著案發現場，包括那個打人的龐克。他的目光比誰都無辜，彷彿不明白那個酒瓶子怎麼會從手裡飛出去。

我想也許會有一場幫派混戰、械鬥或者火拚——龐克對決嬉皮，年度盛宴。然而，打人的龐克突然一聲不響地走了。其他人也相繼離去。沒人憤怒，沒人動手，沒人過去看看那個倒地的小夥伴。就像一幕先鋒話劇倏然收場，每個演員都酷酷地拒絕闡釋，而把解讀的權利交給觀眾。

我從嬉皮身邊走過，他側匐在地上，頭頂是一小攤血，身體還在隨呼吸起伏。他好像睡著了，又像在練習剛從印度學回來的瑜伽術。我看到廣場較遠的地方，有兩個巡警走過來。我向他們招了招手。

「這個人受傷了。」我對他們說。

「你看到怎麼回事了？」

「有人用酒瓶子砸了他。」

「好啊，謝謝。」巡警對我說，好像這一酒瓶子是我砸的，而且幹得不錯。

他衝著對講機說著什麼，裡面一陣蕪雜，然後他站在那裡，望著虛空。

「這種事時有發生。」另一個巡警微笑著對我說。

我也報以微笑。

4

我在閒逛中發現了一座小矮人雕像，在聖伊莉莎白教堂附近一個不太起眼的牆邊。我後來又在閒逛中發現了更多小矮人雕像。據說在弗羅茨瓦夫這樣的雕像有七十多個，散落在城市的各個角落。

它們的個頭只有一本書那麼高，並不引人注目，但不知為什麼，我的目光總會被它們吸引。它們有時候在地面上，有時候在窗臺上，感覺像是遺落人間的小精靈。這些小精靈定格於某種身體姿態，某種臉部表情，但我知道它們可能隨時甦醒，拍拍翅膀，飛回天空。

這些小矮人是為了紀念波蘭共產黨執政時期的一個反政府組織「橙色運動」。弗羅茨瓦夫的市民認為，它是最溫和且具有原創性的反政府組織。它的反抗手段是用藝術的方式讓政府看上去滑稽可笑。

比如，向市民散發當時炙手可熱卻極度短缺的日用品——衛生紙；號召民眾穿著俄國水兵服，在警察局門前散步；發動市民打扮成小矮人，集體出現在廣場上。這就是為什麼在鐵幕最終落下後，弗羅茨瓦夫把這些小矮人請回城市。它們旨在說明，當監視無處不在時，反諷也就無處不在。越多的監視與控制，也就給反諷越多的空間。直到有一天，反諷像這些小矮人一樣，入侵整座城市，滲透進每個公民的思想。

那天，我樂此不疲地進行尋找小矮人的遊戲，最終一共找到了二十八座。我不知道別人的紀錄是多少，但我猜二十八這個數字並不出眾，而且一定有人把四處逡巡的我當成了圖謀不軌的小偷，或者丟了鑰匙的倒楣鬼。

我在奧得河南岸的步行道上走著，旁邊是弗羅茨瓦夫大學美麗的校舍，有著嫩黃色的牆壁和灰色的屋頂。此前，我剛在一家韓國餐廳吃了午飯。那條街上還有一家義大利餐廳和一家印度餐廳。想到這居然是我在波蘭僅有的午餐選項，我就笑了。

我選擇了韓國餐廳，表面上是因為ＬＧ在附近有家工廠，其實是覺得可能會在這裡碰到一張東方面孔——一個獨自旅行的東亞女子。結果什麼都沒有。我是這家餐廳唯一的顧客。服務員是個金髮的、手腳靈便的波蘭男子。他說這裡是弗羅茨瓦夫最正宗的韓國餐廳。我問他，是否還有其他韓國餐廳。他說還有兩家日本餐廳和一家中餐廳，「它們都賣石鍋拌飯！」

對大部分歐洲人來說，東亞之間乃至東亞和東南亞之間的區別如同一個謎，因此經常可以看到越南餐廳兼賣中餐，中餐廳兼賣壽司，泰國餐廳兼賣中日韓料理的情形。有時候，你滿懷思鄉之情地走進一家中餐廳，與老闆實際聊起來，發現他是越南人；有時候，你走進一家日本餐廳，想吃刺身、壽司，卻發現正發號施令的老闆滿口東北話。

這家餐廳的老闆有可能是韓國人。我點了石鍋拌飯和紫菜捲，發現它們至少比昨天的波蘭餃子更正宗。

我走過一座橫跨奧得河的鐵橋。對岸是沙島和大教堂島。島上教堂眾多，都有雄偉的哥德式的尖頂。河水並不寬闊，在冬日呈現深青色。一位運動員划著皮划艇，分開一道人字形的漣漪。河水搖晃著岸邊的老城。有一瞬間，我突然感覺自己正走在塞納河畔，而哥德式教堂讓我想起波蘭大詩人齊別根紐・赫貝特。作為哥德藝術的熱愛者，他在鐵幕低垂的年代，費盡周折到法國旅行，遍覽了那裡幾乎所有的哥德式教堂。

與同為波蘭詩人的米沃什不同，赫貝特除了旅行，一直生活在波蘭。他曾在一家生產紙袋的合作社裡當會計，還做過銀行職員和安全服設計師。沒人知道這位大詩人精通法文、義大利文，擁有經濟、法學和哲學的學位。

年輕時，赫貝特曾為一個女人和別人決鬥——一位素不相識的女性。別人當著赫貝特的面侮辱了她，他覺得除了決鬥別無他法。對方的長劍兩次擊中了他，而他差點將對方的耳朵割了下來。

赫貝特的寫作持續了大半個世紀，卻無法在波蘭出版。人們在圖書館裡也找不到他的著作。蘇東劇變後，生活狀況依然沒有改觀。他跟很多朋友斷絕了來往，與曾經的好友米沃什也漸行漸遠。他的一生都生活在政治的陰影下——他無法苟同任何一個統治者。在他看來，政治和文學在語言和精神上迥然不同：「對我有益的對他們有害，適合他們的我卻覺得難以消受。我們是兩種涇渭分明的風格。」

赫貝特經常懷念他在法國、義大利和希臘遊歷的日子。儘管在旅行中，他也像是一個來自中歐的工薪階層，既寒酸又驕傲。

他乘火車到達巴黎時已是深夜，因為整趟旅行只有一百美元的預算，他沒住進旅館，而是在塞納河畔徹夜遊蕩。

他記述自己參觀拉斯科岩畫的旅行，卻提筆先寫一段松露傳奇，描述松露美妙的味道。原來，他那天早餐咬牙點了一份松露煎蛋捲。

在阿爾勒旅行時，他聽說有一位喜歡美國菸的當地老人親眼見過梵谷，便在老人常去的咖啡館守候。老人對這類問題毫無興趣，赫貝特只好拿出一包美國香菸「賄賂」。老人告訴赫貝特：「梵谷總是扛著一塊大帆布去田裡畫畫，他像狗一樣活著，孩子們都朝他扔石頭，他的頭髮像胡蘿蔔一樣下垂。」

但是在精妙的藝術面前，赫貝特的喜悅常常讓他顯得驕傲十足。這種驕傲甚至超越了他的出身、國籍和現實處境。考察拉斯科岩洞後，他激動地感到自己是大地的公民，「不但是羅馬和希臘的繼承人，而且是幾乎整個無限的繼承人」。遍訪哥德教堂後，他回到巴黎的圖書館，當他發現並沒有哪個學者寫過相關領域的綜述文章後，他就自己動手寫出《一塊來自大教堂的石頭》。

5

參觀完沙上聖母教堂後，我向西北方向走，不知怎的走進了一片住宅區。我經過了照相館、咖啡廳、麵包店。我經過畫滿塗鴉的樓房。我看到幾個孩子正圍著一輛老款大不列顛綠的甲殼蟲放鞭炮。我拐到另一條路上，發現街角有一家小小的書店。透過窗玻璃，我赫然看到赫貝特的一本波蘭文著作擺在桌子上。

我走進店門，留著齊耳短髮的中年女店主正在打掃地面，大概就要關門了。我拿起那本文集，封面照片上的赫貝特正凝視遠方，風拂動著他灰白色的頭髮，眼角佈滿魚尾紋，後面是一條河和空無一物的曠野。我的心瞬間被這詩人的形象擊中了。我拿起書，去收銀臺結帳。女店主用波蘭語對我說了句什麼。我告訴她，我聽不懂。

「我看你買這本書，以為你在這裡留學呢。」她對我說。

我說，我只是遊客。

「我很奇怪你會挑這本，赫貝特在波蘭也不是太出名。你從哪裡來？」

「中國，」我回答：「他是個大詩人，不是嗎？可能比米沃什和辛波斯卡寫得還好。」

「米沃什、布羅茨基、西默斯・希尼都很推崇他，他也是我個人最喜歡的波蘭作家，」女店主撩了一下耳邊的頭髮，微笑著，「我很高興中國人也知道他。」

這本七百多頁的書收錄了赫貝特絕大部分的隨筆，包括他的遊記和對古希臘神話的解讀。我抱著書走出店門，內心充滿喜悅。赫貝特一生都在寫作，他覺得政治壓制和經濟貧困都不算什麼，「會弄走那些非一流的作家」，但真正的作家不會停止寫作。去世前，他患有嚴重的哮喘，但依然完成了詩集《一場風暴的結語》——這也是他一生的結語。

我經過附近一棟看上去頗有氣勢的樓房。樓前荒草萋萋，圍著鐵絲網，信箱上的名牌也已脫落。很多年前，這可能是一棟公寓，如今人去樓空，形同鬼宅。

在波蘭，時間總像一個未癒合的傷口，展示著善良所引發的卑微希望。在希臘神話中，潘多拉打開匣子，飛出憂愁、疾病、災難、悲傷……只剩下希望留在匣底。後來，墨丘利將希望送給人類。這樣無論遭遇多大苦難，只要有希望，人類就不會被摧垮。我想，這也正是弗羅茨瓦夫、西里西亞，乃至整個波蘭的動人之處。

是的，如果城市和人一樣擁有性格，那麼弗羅茨瓦夫是那種可以坐下來喝一杯的朋友。晚上，我去了一家古色古香的波蘭餐廳，燭臺在白餐布上搖曳，映照著牆上的油畫和老照片。我看到萊辛一八四一年的畫作《西里西亞風景》；德皇威廉二世一九〇六年訪問時的照片；一九四五年廢墟中的弗羅茨瓦夫大學；一九八二年戒嚴期間波蘭坦克進城；一九九七年教皇保羅二世造訪……我一邊觀看，一邊喝著波蘭雪樹伏特加，像穿過一道時間的走廊。

廣場上，跨年晚會已經開始，動感的音樂響徹夜空。人們裹著大衣，戴著帽子，聚集在外面，臉上帶著難得一見的笑容。攝像機的吊臂掠過人們的頭頂，捕捉著臺上歌手不太靈便的舞姿和嘴裡吐出的白霧。旁邊一個女子告訴我，他是當地很著名的歌手。如今，在接近零度的氣溫裡，他穿著皮夾克，喘著粗氣喊著：「朋友們！讓我們一起舞蹈！」

舞臺兩側，一群青少年瘋狂地扭動身體。我旁邊的女子小夥兒們也開始蹦躂起來。

夜空清朗，廣場一片通明，如一個巨型露天迪廳。我跟著節奏跳起來，想在開車回家之前，盡快把身體裡的伏特加揮霍掉。

第五章

「舒伯特」號列車，帝國的切片，薩爾茲堡的雨

1

第二天早晨，我退了房，開車沿著通向老城的街道尋找能吃早餐的咖啡館。這是新年的第一天，陽光格外明媚，但氣溫依舊很低。所有的店鋪都關門了，街上也沒有車輛。我沿著奧得河行駛，然後鑽進老城的小巷。我看到一些喝醉的年輕人，衣衫不整地在街邊走。毫無疑問，宿醉是開始新年的最佳方式。

我經過一家咖啡館，進去喝了一杯濃縮咖啡，吃了一個羊角麵包。透過窗戶，我看見廣場對面的花市只剩下一排空曠的貨攤，陽光在彩色遮光棚上跳躍。

我想著下面的計畫，趕回捷克的布爾諾，然後搭乘第二天的火車去薩爾茲堡。從地圖上看，我可以走弗羅茨瓦夫－卡托維茨一線，然後經奧洛摩次回布爾諾。這比我來時的路多

了將近一百五十公里，但好處是全程高速。

車上的電臺終於不再播放波蘭語脫口秀，而是迪努・李帕蒂演奏的蕭邦。新年第一天的早晨，大概也沒人願意跑出來喋喋不休。我跟著音樂拐上高速入口，被警察攔住了。

他衝我晃了晃手裡的警棍，我把車窗搖下來。

「早安。」我用並不標準的波蘭語說。

他一愣，看了我一眼，沒想到我是個外國人。他用波蘭語解釋著什麼，然後拿出一個測酒精的儀器。這是我第一次在國外遇到查酒駕，不是在半夜，而是在早晨！我轉而意識到，在這片熱愛酒精的土地上，大概喝個通宵才算常態。

我希望我的血液中已經沒有昨晚的伏特加了，至少不要在儀器上顯示出來——但願如此。

警察看了看測出的數字，晃了晃警棍，示意我可以走了。在我搖上車窗的瞬間，我聽他用英語說了一句：「新年好！」

問候與道別，在匆匆一瞥間。

——辛波斯卡，《旅行輓歌》

我穿過大片的白樺林，看到一隻小鹿在林中漫步。當然，一切很快就過去了。大部分時間，我面對的是近乎荒涼的風景。如果說開車是一種思考形式，那麼它更接近冥想，不要求思想過於集中，而是鼓勵思緒自由飄蕩：回到布爾諾，我不打算再住瑪麗亞家了。重逢讓人尷尬，況且她的目光中有什麼東西能夠打動我，而我卻不想被打動。

我知道，問題在我。

到達布爾諾時，天已經完全黑了。我在昏暗的市區邊緣看到一家亮著燈的旅館。我把車停在門口，行李留在車上，便去敲門。門自動打開了，裡面坐著一位大叔。他穿著棉坎肩，搓著手從電腦後面站起來，兩撇濃密的小鬍子隨之顫動。

「還有房嗎？」我問。

「有，跟我來。」他二話不說就往門外走。

「喂喂，房間不在這裡？」

「這裡，滿了，呃，別處，還有，嗯。」他操著破碎的英語，像一條哪裡也無法抵達的壞公路。

我只好跟著他走出旅館，在昏暗的巷子裡左轉右拐，最後來到一座沒有亮燈的房子前。他摸索著鑰匙，稀裡嘩啦，四周一片死寂。

「住在這兒？」我問。

「嗯，」旅館大叔說：「和我一起住！」

我的腦海中本能地浮現出一幅和這位旅館大叔共享一個房間的景象：當我半夜起身去洗

手間時，正好和剛從廁所出來、穿著秋褲的大叔狹路相逢；他衝我嘿嘿一笑，說：「別尿歪了。」

門開了，樓梯看起來一塵不染。我硬著頭皮，隨旅館大叔爬上閣樓，裡面有簡單的家具和兩張床鋪，天窗斜對著夜空。

「住這間房，如何？」

「那你呢？」我惴惴不安地問。

「這是我家，」旅館大叔正色道：「我，樓下。」

2

我在布爾諾的星空下睡得不錯。天剛濛濛亮，我就起身去布爾諾機場還車。我看到一個練習跳傘的人，緩緩從天而降，落在一片農田上。現在，農田只是一片鬆軟的黑土。透過車窗，我尋找那人跳下來的飛機，可是天上連一隻鳥的影子都沒有。機場也沒有人，這回連負責租車的胖女孩也沒出現。我把鑰匙留在櫃檯上，穿過空曠的候機廳，門外停著一輛開往市區的巴士。

路上，一個穿著皮夾克、長著亞裔面孔的男人上了車。我對他點點頭，借機攀談起來。他說，他在火車站對面開了一家中餐廳，賣中式快餐、越南河粉、土耳其烤肉和壽司。

「那你是哪裡人？」

「我其實是越南人。」他狡黠地一笑。

「生意一定很好吧？」

「還湊合，在火車站嘛。」

「這裡的人能分清中國菜、越南菜和日本菜嗎？」

「分不清。」他又狡黠地笑起來。

我們一起在火車站下了車。他和我握了握手，朝馬路對面走去，黑色皮夾克的背影，匆匆越過電車軌道。餐廳門口，兩個韃靼夥計正憂鬱地望著街道。

我在火車站買到一張「法蘭茲．舒伯特」號列車的車票，從布拉格開往維也納，中途在布爾諾停靠。在列車時刻表上，我還發現了「古斯塔夫．馬勒」號和「約翰尼斯．布拉姆斯」號——奧匈帝國時代，他們都是維也納的風流人物。當時，整個摩拉維亞都處在帝國的影響下，這條通往維也納的道路一定如昔日通向羅馬的大道一樣，充滿著出人頭地的願望和對帝國財富的幻想。如今，一切都煙消雲散了。

舒伯特號以一百五十九公里的時速行駛。我喝著從站臺上買來的啤酒。窗外，成群的烏鴉壓過安靜的村莊，枯木倒在冰凍的小河裡。偶爾駛過一家鋸木廠，原木整齊地堆成小山，像冬儲大白菜一樣。我從下奧地利州進入奧地利。不久，火車緩緩駛進維也納。

離開布達佩斯以後，我已經很久沒見到這麼大的城市了。十三世紀，哈布斯堡家族的馬克西米連大公在家鄉瑞士遭到農民反抗。他帶著家族，沿多瑙河一路遷徙至此，那時的維也納不過是神聖羅馬帝國邊境上的一座荒涼小城。後來，在哈布斯堡家族的統治下，維也納日漸發達。德意志人、馬扎爾人、捷克人、斯洛伐克人、克羅埃西亞人、塞爾維亞人、斯洛維尼亞人、義大利人、羅馬尼亞人、波蘭人——如果他們有志於為帝國效力，那麼對他們來說，維也納就是最高權力的象徵。

現在這些人依舊還在，還得加上大量土耳其裔、非洲裔移民以及來自世界各地的遊客。我走進地鐵站時，一群吉普賽人圍著我又唱又跳，還有一個女人要為我買票效勞。他們看上去很寒酸，可一旦你發了善心，給了其中一個人錢，就會有更多的人把你圍住——這就是吉普賽人的「群狼戰術」。

我在維也納西站換乘前往薩爾茲堡的列車。維也納西站比我之前下車的邁德靈火車站乾淨、氣派些，這裡主要經營前往西歐的線路。邁德靈火車站裡有不少匈牙利人、捷克人和羅馬尼亞人，而維也納西站主要是本地人和遊客。火車站裡有賣各式吃食的餐廳，就連中式炒麵店也人滿為患。我隨便找了一家店，吃了一份維也納炸豬排，喝了一杯啤酒。

我買的是開往薩爾茲堡的慢車，票價也比快車便宜很多，而我恰好又有大把時間。車廂裡十分安靜，奧地利人不是望著窗外，就是埋首書間。我拿出一本英文版的《罪與罰》，但窗外的風景顯然更吸引人。

離開維也納不久，火車就開始沿著河谷行進，窗外是一派悅目的田園風光。經過梅爾克時，我發現多瑙河幾乎就在眼前。在這裡，河水既清澈又寧靜，還沒有流出一條大河的氣象。

穿制服的列車員從車廂穿過。一般來說，這種本地人居多的慢車，列車員也懶得檢票。但是看到我，已經走過半個身子的他又退了回來。

「請出示車票。」他看著我，彷彿發現了一隻潛在的獵物。

我把票遞給他，他接過來看了半晌。

「去薩爾茲堡？」

「票上是這麼寫的。」

他一言不發地把票還給我，繼續走了。我朝他的背影暗暗豎了豎中指。

「我剛才以為我要完蛋了。」坐在我對面的男子突然輕聲對我說。他把套頭衫的帽子拉下來，朝後看了看，然後轉過頭來，這次聲音壓得更低了：

「我他媽的沒票！」

「什麼？」

「真的，我身上沒他媽錢了。」

「你是哪裡人？」

「荷蘭。」

我點點頭。荷蘭男子滿臉大鬍子，一頭棕褐色鬈髮，看上去三十多歲，但實際上可能還沒到二十歲。

「我旅行，但是我沒錢。」他坦白道。

「總是如此，旅行的時候錢從來不夠。」

「得他媽趕緊賺錢。」

「是啊，我都打算炒股了。」

「那你比我還他媽喪心病狂。」他說：「我打算給非洲一個國家隊做隊服，給一幫小孩兒的生日派對做室內設計，還打算自己設計點T恤賣。」

「那你還沒錢？」

「是他媽打算而已。」他哈哈大笑，「永遠在打算。」

「你他媽打算去哪兒？」我故意學著他的口吻。

「林茲。」他說：「你知道那他媽的地方吧？」

「希特勒的故鄉。」

「沒錯，我就要去那裡。」

「朝聖？」

「看女友。」他說：「我其中一個女友。」

「這麼說你有不少女友啊？」

「如果算上我他媽單方面認為的。」他又哈哈大笑起來。

在阿姆斯泰登我們下車抽了支菸，然後把菸屁股扔在鐵軌上。火車再次啟動後，我拿起

《罪與罰》來讀。

「別告訴我你他媽的是作家！」荷蘭男子盯著我。

火車經過一座山丘，散落在山上的木屋，都刷上了漂亮的顏色。公路在山谷間蜿蜒，跑的都是小排量的私家車，遠遠看去就像模型玩具。天黑下來了，但仍能感到窗外伸展著一片清冷而安詳的土地。火車開進阿斯頓鎮，荷蘭男子背起登山包。他要從這裡轉車去林茲，而我繼續前行。

「祝你走運，哥們！」他說。

「你也一樣。」

整個車廂只剩下我一個人。火車似乎也加快了速度。我看著窗外，夜色已經把大地的一切痕跡抹掉了。長途旅行時，你有時會喪失時間感和空間感。習以為常的日常生活顯得那樣遙遠，朋友圈裡的一切看上去都像精心編織的故事。因為你在移動中，並且夜幕已經降臨，你感到自己身處國家之外，時間之外。此刻，你能面對的只有自己內心的黑洞。

我喜歡在冷颼颼、黑幽幽、濕乎乎的秋天晚上聽手搖風琴伴奏下的演唱，一定得在濕乎乎的晚上，所有的行人都臉上白裡透青，滿面病容；或在微風不起，濕濛濛的雪花往下直落的時候，那就更好了，您明白嗎？煤氣路燈透過雪花在閃閃爍爍……

——杜斯妥也夫斯基，《罪與罰》

薩爾茲堡到了。

我拖著行李走出火車站，暮色中的廣場頗為蕭瑟。冷風裡，只有幾個人在等待巴士，我隨著他們上了一輛，經過米拉貝爾宮，經過大教堂，透過窗子可以望見山上白色的薩爾茲堡。我路過一家汽車旅館，下了車。旅館很時髦，前臺同時也是吧檯。侍者一會兒辦入住，一會兒調酒。大廳的壁爐裡燃著木柴。辦入住時，我問侍者附近有沒有吃飯的地方。他說，往前走五百米有一個加油站，加油站旁邊有一家義大利餐廳。

「如果還開門的話。」他朝我微微一笑。

我弄到一個舒適的小房間，放下行李，便去義大利餐廳吃飯。街上沒什麼人，空氣沁人心脾。我能看到遠處山脈黑色的輪廓，而薩爾茲堡就是群山中的一座小城。

我在義大利餐廳點了風乾火腿配青橄欖、帶有辣味香腸和帕馬森起司的披薩餅，又要了一瓶威尼托產的白葡萄酒。

就算在歐洲，此刻也過了飯點。等菜一上完，連廚師都戴著白帽子走出來，坐在餐桌邊喝酒，對著手機講義大利語。

我喜歡這樣的時刻，就像散場後走出小劇場的心情。我回憶著一天的旅程：從清晨到夜晚，從平原到山間。最後在這裡，在這家義大利餐廳，一切終於放慢了腳步。

我一邊喝著酒，一邊聽著街上的風聲。

3

我打算在奧地利湖區遊玩幾天，最好的方法當然是自駕。第二天一早，天氣晴朗，一出旅館大門，就看到雪山白帽子一樣的尖頂。我沿著薩爾茨河走了一通，發現整座城市一塵不染。我走過漂亮的教堂和修道院，穿過行人不多的廣場，然後跨過薩爾茨河上的大橋。

我在路邊找了一家咖啡館吃早餐，管夥計要來無線網路密碼，查看附近可以租車的地方。對於租車這件事，我沒有十足的把握，但相信在薩爾茲堡並非難事。果然，我發現附近就有一家連鎖租車行，一輛全新的斯柯達日均租價二百六十元。

我辦了手續，用信用卡支付了押金，開車上路。在附近的莫札特故居，我停下遠遠看了看。儘管薩爾茲堡以莫札特為榮，可莫札特對這座城市卻印象不佳。如今，莫札特在奧地利居住過的地方，都被開闢成了博物館，成為奧地利人的驕傲。只是嚴格來說，莫札特是否算得上真正的奧地利人有待商榷。因為薩爾茲堡當時還不屬奧地利。成年以後，莫札特大部分職業生涯是在維也納度過的，但從風格上來講，他是個真正的德意志作曲家，用劍橋《奧地利史》作者史蒂芬·貝萊爾的話說：「甚至比同樣住在維也納的貝多芬更像個德意志作曲家。」

那奧地利人應該把莫札特當奧地利人紀念嗎？「或許可以，」史蒂芬·貝萊爾認為，

「如果他們秉承宏大的、開放的、包容的、世界主義的奧地利精神遺產的話。」在貝萊爾看來，莫札特無疑是這種精神遺產的一部分，甚至堪稱楷模。莫札特很早就是個世界主義者：他是共濟會成員，與伊曼紐爾・席卡內德一起宣揚啟蒙的人道精神；他最喜歡的劇作家洛倫佐・達・彭特是個皈依天主教的猶太人，而這位前教士最後卒於紐約。

我開過莫札特大橋，回到老城區，湛藍的天空上飛翔著白色群鳥。我搖下車窗，微風襲來，可以感到風是從山裡吹來的。老城區的房子被粉刷成不同顏色，圍繞著山頂的城堡。不知為什麼，我覺得山頂的薩爾茲堡有點像布達拉宮。

回到旅館，我拿了行李，沿著大街出城。我又經過昨晚吃飯的義大利餐廳，看到它大門緊閉，加油站也沒有工作人員——奧地利的加油站都是自助的。

從後視鏡裡，我最後看了看這座城市，然後駛上起伏的山路。雪山就在眼前，路邊是一些精緻的農舍和村鎮，很多房子被粉刷成嫩黃色，牆上裝飾著紫紅色的鮮花。

我先去沃爾夫岡湖，這是我從薩爾茲堡向東路上遇到的第一個大湖。公路拐了個彎，開始向山上攀登。過了不久，我的眼前出現一片明淨的湖水，被積雪的山峰環繞著，湖面上飄著一層薄薄的水汽。透過車窗，我能看見一座湖邊小鎮——那是聖吉爾根。

聖吉爾根乾淨、漂亮。也許是天氣冷的原因，鎮子裡見不到什麼當地人，只有零星幾個遊客好奇地東張西望。這裡也有一座莫札特故居，矗立在湖邊，其實是莫札特母親誕生的地方。我沿故居轉了一圈，看到一位穿著大衣散步的老人，還有一對夫婦站在無人的碼頭上，眺望對岸。

我穿過一片黃葉鋪徑的草地，看到一座小溜冰場。一位父親正雙手插在兜裡，看女兒練習溜冰。女孩大概七、八歲，粉色的棉帽子下面，露出幾綹栗色的長髮。

我發現莫札特故居對面有一家餐廳，就走進去用餐。店主是位表情嚴肅的奧地利大媽，對我堅持一視同仁——使用德語。我找了個能看見故居的位子坐下，大媽送來菜單。這是家典型的德式鄉村館子，理所當然，菜單上只有寥寥幾個菜。我點了肝丸湯、圖林根烤腸配德式酸菜、馬鈴薯和一籃子新鮮麵包。偶爾吃一次多肉的德國菜其實不壞，甚至可以說是大快朵頤，特別是當你抬頭便可看見雲霧繚繞的雪山時。麵包也不錯，微微帶著發酵的酸味。

我一直覺得，從一個國家飲食的豐富程度中，可以看出這個國家封建時代的發展狀況。一般來說，封建時代越發達的國家，飲食也越豐富，反之亦然。我一邊吃著巨大的烤腸，一邊想著中世紀的德國農民。與精緻的羅馬人和高盧人相比，日耳曼人長久以來被視為蠻族，這從德式菜餚中也可見一斑：所有配菜都是酸的，為的是幫你消化中間的那塊肉。

我就著黃芥末，把烤腸和麵包吃完，口渴得直想喝啤酒，但只能喝冰水。從德國巴伐利亞來的一家人也進來用餐，奧地利大媽和他們親切攀談。這裡距巴伐利亞不遠，一直是德意志文化的領地。奧匈帝國的皇后伊麗莎白，也是從巴伐利亞來的。

一戰結束後，奧匈帝國解體，奧地利陷入巨大的災難。很少有人相信，這個國家還能維持下去。據說，當時要求德奧合併的呼聲很高，提洛和薩爾茲堡的全民公投幾乎一致贊成與德國合併。一九二二年，以法國為首的協約國向奧地利政府提供了大筆貸款，幫助它度過難關。他們之所以這麼做，是為了確保奧地利不會加入德國，防止一個更大的噩夢出現。

奧地利大媽給巴伐利亞一家人端上一盤巨大的烤豬肘。之後，我用德語叫她過來買單。我走出餐廳，開車離開聖吉爾根，沿沃爾夫岡湖北岸前往附近最大的鎮子聖沃爾夫岡。這樣，我幾乎沿湖繞了半圈。

與聖吉爾根相比，聖沃爾夫岡的遊人要多一些，鎮裡的店鋪都成了紀念品商店。我看到一車中國來的旅行團，然後是一車韓國來的旅行團。我避開主路，走一條小路上山。等我爬到山頂，俯瞰小鎮和湖水時，發現一家酒店正在眼皮底下。只見幾個半裸的大媽正在露天泡泡池裡對著雪山泡澡。我看了一會兒，心情變得十分沉重，便又下山到鎮上溜達了一圈。我發現聖沃爾夫岡確實開發得十分充分，因此也沒什麼必要過多停留。

我向哈爾施塔特湖進發。路邊有不少觀光平臺。我不時停下來，眺望湖景。奧地利湖區全都有一種冷峻之美。開到半路，我突然決定在一個叫巴德格森的小鎮過夜。小鎮位於巴德伊舍和哈爾施塔特之間，被高高的雪山包圍著，特勞恩河從鎮中穿過。

開始，我的導航出了毛病，將我帶到了一片覆蓋積雪的荒地。地上結著冰，車輪使不上力量。等我好不容易從荒地裡開出來，導航又從另一條路把我引回了這裡。這片荒地在村子和森林的邊緣，遠處散落著幾棟小房子。我看到一家的女主人剛好出門，就攔住她問這裡是不是巴德格森。

「不是，」她看上去很驚訝，「巴德格森離這裡還有很遠一段路。」

我問她怎麼走。她的英語不太好，但我大致明白我必須徹底拋棄導航，先回到大路上。我向她表示感謝，然後在荒地裡勉強掉了頭。我的確又開了很長一段路，小心翼翼地尋找路標。中途，我在一家加油站的超市買了些啤酒，準備晚上喝。然後我又向收銀員打聽了一下巴德格森。

「往前面走，不遠了。」他愉快地說：「見橋右轉。」

等我終於到達巴德格森時，夜幕已經降臨。我跨過特勞恩河上的小橋，進入小鎮。鎮子不大，卻有幾座中世紀時期的教堂，矗立在夜色中。中心廣場非常小，街角有家義大利餐廳，點著昏黃的燈火。

我住的旅館在鎮子邊緣，是一棟傳統的德式木房子。我踏著吱吱作響的臺階上樓，來到我的小房間。特勞恩河從旅館後面流過，雖然關著窗子，但我整夜都可以聽到河水聲。

4

在旅館吃早餐時，遇到了三個中國人。一男一女，帶著一個五、六歲的男孩。男人穿一件黑色毛衣，男孩穿一件紅色毛衣，但從他們的行為舉止中，可以看出男人並不是男孩的父親。女人一直沉浸在遐思中，表情淡然地坐在男孩身邊。我一邊喝咖啡一邊猜測他們之間的關係。

男人把一片火腿放到男孩的盤子裡。「吃肉。」他說。

男孩看了看肉，又看了看男人：「麵包裡夾片肉就是三明治。」他說。

男人表情尷尬地笑笑，男孩卻發現了有趣之處。他開始不斷重複這句話，越說越興奮。

「別犯傻了！」女人突然回過神來，厲聲對男孩說。

男孩咬了一口三明治，鼓起腮幫咀嚼著。

這時，進來了三、四個俄國男人，是從加里寧格勒一路開車到這裡滑雪的。他們的聲勢迅速壓過了前者。等他們拿著盤子走完一遍，餐區的餐食就像被蝗蟲掃過一輪的莊稼地。刀叉在盤子裡叮噹碰撞，語速飛快的俄語在空中飛揚。

「快吃，吃完我們走了！」女人說。

「麵包裡夾片肉就是三明治。」

……

我喝了口咖啡，決定上路。等我拿著大衣和圍巾下了樓，看到旅館的男主人正氣喘吁吁地端著一大盤火腿和起司進來，補充到用餐區。

門外，河水的聲音更大了，空氣中帶著松枝的芳香。我想起上一次來這樣的雪山小鎮，還是很多年前在印控喀什米爾。那裡也有一個湖，叫達爾湖。湖上全是供人居住的船屋，交通則靠單槳划行的小舟。一天早上，船主的女兒站在船頭等小舟載她去學校。她穿著一身白色長袍，戴著白色頭巾，美得就像《一千零一夜》中的人物。

相比喀什米爾，哈爾施塔特早已名聲在外，它差不多被印在了奧地利的每一張明信片上。我一邊開車一邊想，哈爾施塔特是不是相當於奧地利的麗江？這個想法讓我感到微微沮喪，但好在一路風景甚好，眼前到處是山，透過清亮的空氣，可以清晰地看到山石青色的褶皺，聽到風聲嗖嗖地穿過松林。

哈爾施塔特的意義遠遠大於旅遊本身。公元前八世紀至公元前六世紀時，這裡是歐洲鐵器文明的中心之一。考古學家在哈爾施塔特附近挖掘出多達一千零四十五座墳場，墳場區域內遍佈著鹽礦。從新石器時代起，人們就在這裡開採不歇。有意思的是，我發現，哈爾施塔特文明的覆蓋區域與哈布斯堡王朝的疆界有頗多重合之處：包括了捷克東部的摩拉維亞、匈牙利西部的小匈牙利平原、克羅埃西亞北部的伊斯特拉和斯洛維尼亞東部的下史泰利亞。我很想看看相關的資料，可哈爾施塔特的書店裡沒有這類乏人問津的書籍。

村旁的山頂上仍有鹽礦的遺址，只是索道在冬天已經停止。雖然有徒步線路，但在湖邊走走，遠比迎風登山更適合我。在湖邊隨意漫步時，一隻羊駝從一戶人家的院子裡伸出頭來，我不知道哈爾施塔特還有養羊駝的傳統。過了會兒，我看到早餐時的三個中國人也來了這裡。我聽到女人招呼小男孩：「快過來，我們合個影，回頭發給爸爸。」

在哈爾施塔特，每一棟房子的牆壁上都裝飾著樹枝和鮮花，給人一種盛夏之感。歐洲人似乎格外珍惜夏日，想在八月份找到正常工作的地方是很難的，因為幾乎所有人都去度假了。貴族們常常選擇在風景優美之處建立夏屋，離哈爾施塔特不遠的巴德伊舍就是約瑟夫皇帝的夏宮。

我從哈爾施塔特開車來到巴德伊舍。一八五三年八月十九日，約瑟夫和伊麗莎白在這裡舉行了訂婚儀式。第二年，皇帝的母親蘇菲皇后將皇帝別墅送給兒子作為結婚禮物，約瑟夫稱之為「地上的天堂」。相比政務繁重的維也納，巴德伊舍成了約瑟夫的逃逸之地，他在這裡度過了八十三個夏天——如果算上蘇菲在這裡懷上他的那個夏天。

巴德伊舍算得上是奧匈帝國的一個「切片」。它是一座小城，因此不難看到皇室留下的痕跡：伊麗莎白常去的茶室，現在成了一座圖片博物館；約瑟夫情人喜歡的蛋糕店，仍然保留著美麗的枝形吊燈和大理石地板；皇室光顧的劇院，現在依然演出不斷。

在皇帝別墅，我看到約瑟夫睡的單人床——那種軍隊裡年輕士官睡的鐵床。他對物質生活的要求不高，唯一的樂趣是打獵。他每天三點半起床、沐浴、處理幾小時政務。如果天氣好，他就去附近打獵。他的房間裡裝飾著很多當年的戰利品。伊麗莎白死後，皇帝唯一的慰藉是情人：女演員卡塔琳娜．施拉特。她在巴德伊舍城外有一座別墅。每天早上，約瑟夫都會獨自步行或騎馬找她一同早餐。

巴德伊舍是一座念舊的城市。每年的八月十八日——皇帝生日這天，巴德伊舍都會在聖尼古拉斯教堂為約瑟夫舉行彌撒。人們穿著當年的制服，唱著海頓的歌曲。這些歌曲是年輕的約瑟夫挽著伊麗莎白走進教堂時所唱的，也是年復一年，直到他在一九一三年八十三歲生日時所唱的。之後，在這座「地上的天堂」，約瑟夫簽署了奧匈帝國對塞爾維亞的宣戰聲明。歷史證明，那是一場地獄般的戰爭。宣戰次日，約瑟夫就離開了皇帝別墅，回到維也納。兩年後，他在帝國的分崩離析中去世，再也沒能回到他最愛的夏宮。

施拉特一直拒絕談起和約瑟夫的情史。她一九四〇年去世，葬在維也納的一座公墓裡，而彼時的維也納正在納粹的掌控下，經歷著另一場地獄般的戰爭。她會如何回憶自己的一生呢？

> 帝國注定要存在於歷史之中，並充當反歷史的角色。
>
> ——柯慈，《等待野蠻人》

我在位於教區巷七號的 Café Zauner 喝了咖啡，吃了栗子蛋糕。它是約瑟夫和施拉特最愛的糕點店，但並沒有我想像的出色。服務員都是上了年紀的女性，穿著寬大的褶皺長裙，全都腳不沾地地忙活著。也許她們從年輕時就開始在這裡工作了。

我想像著她們在這樣一個小鎮度過一生，我不知道自己是否能做到。在維也納的一家酒吧，我曾和一個愛爾蘭青年聊天。他在媒體上看到中國年輕人四處遷徙打工的報導，問我為什麼這些人不願意留在家鄉？他們為什麼要去富士康這樣的工廠？

「在家鄉，他們可以有美麗的房子，養牛，養狗，就像在奧地利的小鎮一樣。」愛爾蘭青年說。

「國情不同，在中國的農村……」我嘗試向他解釋我所知道的中國農村：脆弱的環境、過剩的勞動力，但似乎依然無法解決他的困惑。

「他們怎麼能忍受工廠那樣的生活？」他問我。

「生活在哪裡都有不可忍受的一面，」我說：「無論你是要做定居的該隱，還是遊牧的亞伯。」

「我不相信上帝，我相信暴力革命。」

「那你為什麼不去參加北愛共和軍？」

……

傍晚，我開車去了蒙德湖。這裡沒有共和軍，甚至見不到遊客。我看到幾隻野鴨在冰冷的湖水中游泳，湖水拍打著堤岸，像瀑布一樣發出嗚響。草地上是簡單的兒童樂園，兩個孩子坐在輪胎做成的鞦韆上，一個穿紅，一個穿綠。在他們背後，樹林像分岔的毛筆，伸向灰色的天空。這讓我感到自己的確身處奧地利的冬日——這樣的冬日已經持續多久了？

這時，我的手機響了，進來一條簡訊。除了中國聯通的廣告，我似乎已經很久沒收到簡訊了。那是一個認識多年的朋友邀請我參加他的婚禮。我看了看新娘的名字，不是我之前認識的女孩。我想起他上次給我發簡訊就是告訴我，他和那個好了很多年的女孩分手了。

時間過得真快，那似乎也是很久以前的事了。

我沒法參加婚禮，於是決定在奧地利給他們寄一張明信片。我走進一家旅遊商店，挑了一張哈爾施塔特的明信片，又買了郵票。商店也幫忙郵寄，可是對著明信片背面的空白，我卻久久無法下筆。

「抱歉，沒想好怎麼寫。」

「給女朋友的？」

「給一個要結婚的朋友。」

店主意味深長地點點頭。

第二天，薩爾茲堡下了一整天雨。我還了車，坐在火車站旁的咖啡館裡，一邊寫明信片，一邊等待去義大利烏迪內的火車。從那裡，我將轉車前往昔日奧匈帝國的港口——的里雅斯特。

我字斟句酌，更多的時候則是陷入回憶。一個女人站在屋簷下抽菸，雨水敲打著窗子。

第六章

流亡之地，黃金時代，最後的遊蕩

1

午夜時分，我坐上了開往義大利的火車。確切地說，是開往威尼斯的火車。它將在茫茫黑夜中，翻越阿爾卑斯山，凌晨四點多在烏迪內停上兩分鐘。我得在那段時間下車，再轉車前往的里雅斯特。烏迪內恰好位於威尼斯與的里雅斯特之間。

二等車廂裡響著鼾聲和磨牙聲，拉開車廂門，有一股長時間未通風的溫暾味。我勉強把行李塞進行李架，在屬自己的角落坐下。對面，留著絡腮鬍的男人透過站臺的光線盯著我——他此前一直把腳舒服地擱在我的座位上。旁邊，有個西班牙女人在夢中嘟囔了句什麼，繼續酣睡。

火車開動了，午夜的薩爾茲堡像個準備收攤回家的小販。我對著瓶口喝了口白蘭地，看著窗外的世界漸漸沉沒在一片黑暗中。

曾幾何時，我大概不必如此周折。那時，的里雅斯特是奧匈帝國的唯一港口，像一個大家庭裡最小的兒子，受人寵愛。無論是從格拉茲，還是維也納，都有數量可觀的火車直達此地。作為帝國最南端的領土，的里雅斯特也自然成為任何鐵路的終點。對旅行者來說，這意味著一旦在維也納上車，就可以喝著咖啡，看著風景，等待抵達的時刻了。

如今，我卻沒有了這份運氣。奧匈帝國解體後，的里雅斯特的歸屬搖擺不定，一度被南斯拉夫吞併後，最終被義大利收入囊中。然而，一旦失掉大陸帝國出海口的身分，的里雅斯特也就走上了下坡路。在良港眾多的義大利，的里雅斯特不過是一座中型海港城市，既無威尼斯的風光，也沒有熱那亞的繁忙。它偏安於亞得里亞海的一角，被斯洛維尼亞包圍。冷戰時代，這裡正是邱吉爾所謂的「鐵幕」的最南端。的里雅斯特隱姓埋名，遺忘了世界，亦被世界所遺忘。有一則玩笑說，無論展開哪國地圖，的里雅斯特無不處在書頁的夾縫位置。甚至到了一九九九年，這種曖昧感依然存在。一項調查顯示，約七成的義大利人不知道國境之內有這樣一座城市。

然而，的里雅斯特卻引起我的興趣。部分原因當然是簡・莫里斯的那本《的里雅斯特：無名之地的意義》。在書中，莫里斯將的里雅斯特稱為「流亡之地」、「烏有之鄉」。

現實也確實如此。僅僅是近代的一百多年，的里雅斯特就收留過普魯斯特、里爾克、喬伊斯、普甯、理查・伯頓、佛洛伊德……這份名單還可以開得更長，因為有太多國籍不明、身分不清、離經叛道的作家、藝術家、革命者在這裡遊蕩和定居，享受著的里雅斯特的恩澤，把「他鄉」認作「故鄉」。

在《對地域感到麻木》裡，鈞特・葛拉斯談到德語中「Heimat」（故鄉）一詞。他說，心懷叵測的政治家（如納粹），往往利用流行文化，將「Heimat」書寫成一個大寫的「我們」，用於區分和對抗移民與陌生人。

的里雅斯特卻表現得落落大方，它脫掉了「故鄉」的政治外衣，甚至連道德的遮羞布也棄之不顧。那些遊蕩的靈魂，得以在廣場與雕像、噴泉與壁畫、小酒館與妓院、亞得里亞海與皚皚雪山間，安放掙扎的欲望和青春。或許，這也正是的里雅斯特吸引簡・莫里斯的原因？

我們只有一次童貞可以失去，我們在哪裡失去它，我們的心就在哪裡。

——約瑟夫・吉卜林

我坐在火車上，終於昏昏睡去。等我被一陣光亮晃醒，發現已到了邊境小城菲拉赫。我看了看表，比預定的時間晚了，而且進入義大利後，火車不時在一些空曠的小站停靠。我突然意識到，我可能無法準確預測到達烏迪內的時間。車廂裡飄蕩著沉沉的呼吸聲和鼾聲——那都是把威尼斯當作終點的人。只有我注視著窗外，想弄清自己身在何處。我很快意識到，努力是徒勞的，就像這個世界上的大多數事情一樣。在昏暗中，我根本看不清什麼標識，況且有美麗的威尼斯作為終點，誰又會大半夜在中途下車呢？火車到達威尼斯的時間是早上八點多——很顯然，這本來就是為威尼斯量身定做的路線。

我閉上眼睛，決定隨波逐流，任由命運安排。車輪和鐵軌的摩擦聲，漸漸變成一首布爾喬亞搖籃曲。威尼斯並不是「大毒草」，我在半睡半醒中想，它可能比的里雅斯特更符合旅行的邏輯。

我睡了兩個小時，醒來時窗外依然一片黑暗。我看了一下手錶，即便算上晚點時間，我很可能也已經過了烏迪內。我知道，我正朝著與的里雅斯特相反的方向飛馳。

我站起來，從行李架上拔出行李，踉蹌中踢到一條腿，還險些坐到西班牙女人身上。幸好，這位女士睡得像一座安穩的碼頭。我拖著行李，站到走廊上，如果有乘務員出現，我會問問他到哪兒了，可是連個人影都沒有。

火車停在一個陌生小站，我成了唯一跳車的人。等我好容易找到一個站牌，只見上面寫著一個陌生的地名。在經過大半夜的煎熬後，我到了這裡——烏迪內與威尼斯之間的某地。周圍一片漆黑，鐵道那邊是叢生的荒草。站臺上什麼都沒有，卻有一臺髒兮兮的投幣咖啡機，看來果然是義大利。我掏出一枚硬幣，買了一杯濃縮咖啡，站在夜風中把它喝完，並且感到一絲自暴自棄的滿足。沒錯，我拋棄了威尼斯，而選擇了這裡。這就像一個男人拋棄了年輕美貌的妻子，而選擇了年老色衰的娼婦。我想到旅行本來就是一種悲傷的快樂，甚至帶點自找苦吃的快感，而抵達一個晦暗不清的地方，正是旅行者隱祕的樂趣之一。

我找到一個像是賣票的地方，敲了敲窗戶，工作人員正趴在桌上睡覺。我告訴他，我要買一張去的里雅斯特的車票。

「去旅行？」

「算是吧。」

他把票遞給我，告訴我二十分鐘後會有一輛火車經過。

和去威尼斯的車相比，這趟車上人少得驚人，卻種族混雜。我看到一個東亞人，兩個土耳其人，一個猶太人，還有幾個斯洛維尼亞農民。我找了個沒人的包廂，把背包墊在腦後，躺下來。不知過了多久，我被黎明前的寒氣凍醒了。

窗外已漸漸發白，可以看見一排排黃色的房子。丘陵間散落著葡萄架，而遠處的山巒則是一片光禿禿的褐色。我大概正經過哥里加附近，我想，這裡出產義大利最出色的灰皮諾葡萄酒。第一次知道這個地方，還是很多年前讀海明威的小說《戰地春夢》——這是義大利和奧匈帝國作戰的地方。

我渴望眼前突然開闊，看到亞得里亞海，那意味著的里雅斯特快到了。可直到火車緩慢地攀登上杜伊諾－奧里西納，我才終於看見一片灰色的大海。這是威尼斯灣，幾乎是最後一小塊義大利了，而巨大的斯洛維尼亞就在左側窗外。

列車員推開包廂門，接過我的票，在上面打了個孔。我問他還有多久到的里雅斯特。

「很快！」他打了個手勢。

義大利人以說話愛打手勢聞名。比如喝一杯濃縮咖啡，就用手指圈成一個小咖啡杯，然後做出快速喝掉的樣子；讚嘆食物好吃，就用手指杵著臉頰上的一點轉動。

據說，一位格外健談的義大利將軍在二戰中失掉了一隻胳膊，從此變得沉默寡言。人們問他為什麼不說話了。

「我沒了胳膊怎麼說話？」他回答。

火車響起了快到終點的鳴笛，伴隨著吱吱作響的煞車聲。當它最終停在的里雅斯特中央火車站時，我注意到這裡有近一打鐵軌。它們伸向遙遠的喀爾巴阡山脈，伸向波希米亞，伸向巴爾幹半島，也伸向威尼斯、米蘭，伸向曾經的奧匈帝國。這也正是的里雅斯特最好的隱喻：德意志、拉丁和斯拉夫文化的交匯點。

下了車，那幾個斯洛維尼亞農民在站臺上查看列車時刻表，準備轉往下一個目的地。一些難民模樣的人，目光憂傷地坐在長椅上，身邊堆著行李袋——他們要去往何處？

2

站在海邊的碼頭上，我終於感受到布拉風（Bora）的力量。這股吹襲亞得里亞海沿岸的季風，的確針刺入骨。理查・伯頓曾毫不掩飾對布拉風的痛恨。有一次，他坐的馬車險些被大風吹進港口。這位沉迷於阿拉伯文化的英國外交官、間諜、旅行作家，渴望被派駐大馬士革，但事與願違。他來到的里雅斯特，租下一套寬敞的公寓，用於貯藏那些奇奇怪怪的阿拉伯藝術品。正是在這裡，他度過了無數個「阿拉伯之夜」，將《一千零一夜》翻譯成了英文。

與理查・伯頓的時代相比，的里雅斯特一定冷清了不少。那時，作為維也納的出海口，的里雅斯特的碼頭上泊滿了大大小小的船隻，海面上行駛著雄偉的帝國艦隊。勞埃德商船隊從一八三六年起就駐紮於此，到一九一三年已經擁有六十二艘船隻。在埃貢・席勒的畫裡，仍可看到的里雅斯特當年熱鬧非凡、充滿海港氣息的景象，有點像威尼斯，但更具中歐風情。

的里雅斯特本是帝國的產物。一七一九年成為自由港後，商人成了這座城市的主宰。為了滿足帝國的需求，來自東方的貨物，源源不斷地通過貨輪運到這裡，再靠陸路轉運至奧地利、匈牙利，乃至整個中歐。它被稱為「蘇伊士運河的第三入口」，那是的里雅斯特最輝煌的時代。

如今，站在碼頭上，我只能看見一些斑駁的小船。布拉風掀動著它們，彷彿隨時可以將它們傾覆。幾隻海鷗從頭頂飛過，叫聲淒厲，它們落在碼頭上，踱著步，又突然毫無徵兆地飛走。我的目光移向南部的穆賈一側，那是的里雅斯特的工業區，距離斯洛維尼亞邊境只有五公里，最著名的企業是咖啡烘焙商意利（illy）。一艘大型貨輪正在進港，上面也許載著石油——如今，的里雅斯特和中歐的最後聯繫是一條通向德國的輸油管道。

一座城市的命運，說到底與一個國家相連。尤其是在我旅行的這片土地，因為大戰的爆發、帝國的瓦解，太多城市成為時代的孤兒，的里雅斯特只不過是其中之一。二十世紀七〇年代，由於傳統的鋼鐵業和造船業陷入危機，的里雅斯特失去了大約三分之一人口。這似乎合乎邏輯——那是冷戰時代，誰也不願意在意識形態搖擺不定的地區投入太多的資本和熱情。

現在，儘管有不少斯洛維尼亞、阿爾巴尼亞、克羅埃西亞的移民加入，的里雅斯特的總人口數仍在減少，並且是義大利自然出生率最低、老齡化程度最高的城市之一。沒人願意說出原因，因為原因不言自明。幾天後，當我開著租來的飛雅特五百前往威尼斯時，我看到出城方向的路邊有不少人豎起大拇指，舉著Venezia（「威尼斯」義大利語）的牌子。他們似乎在提醒我：「既然威尼斯不過兩小時車程，為什麼要留在的里雅斯特？」

站在伸向海面的碼頭上，感覺像站在世界盡頭。我將大衣的領子豎起來，繫緊圍巾。我發現即便在這樣的天氣裡，碼頭上仍然有一些遊蕩者。他們不是遊客，而是當地居民。他們穿著一致性的黑色大衣，邁著緩慢的步伐，沒人說話，也沒人交談。他們只是站在碼頭上，望著大海，望著雪山，神色嚴肅，不像義大利人，反而更像德國人或奧地利人。一個穿著麂皮大衣的女人，站在堤岸盡頭抽菸。我只能看到繚繞的煙圈，從遠處雪山的背景上升起。只有她穿了黃色大衣，於是從黑色的人群中脫穎而出，海鷗鳴叫著……那畫面真像是一部文藝片裡的鏡頭。以至於我感到這些遊蕩在碼頭的人全都有一種審美上的自覺——他們出現在這裡，並非有任何事情要做，而僅僅是出於美學的需要。

「在的里雅斯特，碼頭遊蕩是必不可少的，或者說是具有符號意義的活動。」簡．莫里斯寫道。很多年前，剛做完變性手術的她，就坐在碼頭其中一根繫船柱上，想寫一篇關於「懷舊」的散文，但終於沒能寫出……

3

走在的里雅斯特的街頭，很難意識到這是一座義大利城市，我不時感到自己正走在維也納的環形大道上。灰色的哈布斯堡建築隨處可見，穩重、憂鬱，每一棟都像是保險公司總部。飛雅特在路上飛馳，路邊停滿小摩托車，這又是非常義大利的一面。還有古羅馬的劇場、塞爾維亞的東正教堂、猶太教堂、巴洛克教堂、拜占庭風格的教堂……種種元素混搭、共存在這座並不算大的城市裡。

從碼頭穿過海濱大道，是精心規劃的統一廣場，同樣來自帝國的饋贈。噴泉汩汩作響，咖啡館飄出咖啡的芳香，周圍是歷盡滄桑的十九世紀建築——曾經的總督府，如今的市政廳。青銅底座上站著早已沒什麼人認識的皇帝雕像，他俯視著海港——正是從那裡，哈布斯堡的王公大臣們，喝完杯中的咖啡，登上甲板，開始海上的旅程。

從外表看，統一廣場的變化不大。在那些描繪帝國海港的油畫中，它幾乎就是現在的樣子。但歷史有時候只是一種氛圍，不僅存在於大理石柱上，也存在於飄蕩其間的空氣中。走在廣場上，我能感到有些東西不見了。比如，廣場的西南角，曾經是勞埃德船舶公司的總部——的里雅斯特的象徵，現在卻被無足輕重的官僚機構佔領。熱鬧的海港，變得冷清。工人和窮文人熱愛的咖啡館，已經中產階級化。如果喬伊斯不幸晚生一百年，他很可能無力負擔這裡的消費。

即便在當時，喬伊斯也一直在舉債和還債中度日。他經常上午還了一小筆錢，下午又不得不把它借回來。他從一條街搬到另一條街，開始是和妻子，然後有了孩子，然後弟弟妹妹一家也從都柏林來了。他在貝利茨學校教英語糊口，儘管他痛恨那裡的「小暴政」，但為了四十五克朗的月薪不得不忍氣吞聲——這比他在都柏林千方百計賺到的稿費還多點。

在的里雅斯特，喬伊斯似乎悶悶不樂，但這裡卻帶給他靈感。他喜歡看街上走過的希臘人、土耳其人和阿爾巴尼亞人——他們的衣著帶有東方色彩。他也常常去東正教堂觀看儀式——和天主教的儀式有顯著不同。到了晚上，他流連於咖啡館、酒吧和妓院。有很多次，他醉倒在陰溝裡不省人事。還有很多次，他被家人從勾欄瓦肆中找回。

喬伊斯在的里雅斯特生活了近十年，寫作進行得頗為順利。一戰爆發後，他去羅馬躲了一陣。那段日子，幾乎什麼都沒寫，直等回到的里雅斯特，寫作才又重新恢復。他辭去了教職，當起了家庭教師，習慣於「早上瀟瀟灑灑，下午忙忙碌碌，晚上亂亂糟糟的生活」。他每天十點醒來，躺在床上「陷入沉思」。十一點前後，起床、刮臉，然後坐到分期付款買來的鋼琴前。他的琴聲往往會被上門索債的人打斷。

家裡人問他怎麼辦。

「讓他們進來吧。」他會說，然後嘗試把話題由催債引向音樂或政治。

在一封發自的里雅斯特的信中，喬伊斯寫到他給一個往返於的里雅斯特和巴裡的船長上課。每次，他都要穿過大半個城市，換上小船，再爬上輪船，叫一個水手去找船長，再找一塊安靜的地方上課，而「那個船長蠢笨無比」。

還有一次，他給一個叫埃托雷·施米茨的學生看了《死者》的手稿——這是他最著名的短篇小說之一。結果，這位人到中年的學生，羞澀地拿出了兩本自費出版的小說——他的筆名叫伊塔洛·斯維沃，後來被譽為二十世紀義大利最出色的作家。喬伊斯驚呼他為天才。

伊塔洛·斯維沃常把小說的背景設在的里雅斯特，街名、地名都很真實。有人說，你甚至可以拿這本書當旅行指南。美國作家保羅·索魯真的這樣做了，發現完全行得通！

伊塔洛·斯維沃的名作《澤諾的意識》充滿了意識流，而喬伊斯被稱為意識流小說的鼻祖。在的里雅斯特，他寫出了《一個青年藝術家的畫像》、《都柏林人》，構思出了大部分《尤利西斯》。我不知道這算不算是喬伊斯的「黃金時代」，畢竟他當時還不到三十歲，並且時常感到鬱鬱寡歡。

的里雅斯特啊，吞噬了我的心肝。

——詹姆斯．喬伊斯，《一個青年藝術家的畫像》

他戲謔地寫到這座城市。「的里雅斯特」（Trieste）和「悲傷」（triste）一語雙關。我從未刻意尋找，但在大運河邊遇見了喬伊斯的銅像，還經過了喬伊斯住過的一處公寓。如今，這裡成了一座以作家名字命名的旅館。

「有房嗎？」我問老闆。

「有，請跟我來。」

「我想看看喬伊斯住過的那間。」

「被一個美國作家租下來了。」

「什麼時候空出來？」

「他要在這裡過冬，」老闆眨眨眼，比劃著，「寫一本書。」

我走出旅館，經過喬伊斯喜歡的皮羅納蛋糕店，它仍然營業，於是我進去點了一杯咖啡，要了一份奶油蛋捲。我隨手翻著桌上的報紙，上面關於義大利經濟的報導一片沮喪。我想起喬伊斯經常在這裡買一杯最便宜的咖啡，翻閱報紙上的新聞和招聘啟事。有時候沒錢進咖啡館，就沒有報紙看，他曾在信中抱怨，因此錯失過兩份美差。

我一邊喝咖啡一邊想，這個世界大概本就沒有「黃金時代」。尤其是對於作家和藝術家，生活和偉大的作品之間，總存在某種「古老的敵意」。所謂「黃金時代」，只是勝利者事後的「懷鄉」，只是對過去浪漫主義的懷想，只是一片樹葉或者一粒止痛藥，因為現實過於粗糲——而從更廣闊的意義上看，地獄無處不在。

這些人現在希望停下他們的工作，因為這工作太寂寞，太難做，而且並不時髦。

——海明威，《非洲的青山》

從咖啡館的窗子望出去，城市整潔而喧囂，一隊人馬正在慶祝某個宗教節日，摩托車轟鳴著駛過。托馬斯·曼曾用「陰鬱、混亂、豔俗」形容當年的城市，但正是這種混雜、自由、寬容以及文人尚可承受的生活成本滋養著喬伊斯。

在都柏林時，喬伊斯是個憤怒青年，對什麼都憤憤不平。在這裡，他被漸漸磨平。他的憤怒情緒慢慢冷卻，他的政治狂熱漸漸黯淡，他開始致力於創造一種微妙而精巧的藝術。通過《尤利西斯》（他在這家蛋糕店開始寫作《尤利西斯》），他把的里雅斯特這個地中海世界帶到了黯淡的都柏林。等他搬到巴黎時，他已經成為一代大師。

不知為什麼，坐在的里雅斯特的蛋糕店裡，我卻想到了香港。同樣曾是帝國的港口，同樣是重商主義的城市，同樣毫無保留地接納過遊蕩者和文人。的里雅斯特已經不復從前，那麼香港呢？

在文學生涯的最後階段，簡・莫里斯為香港和的里雅斯特各寫過一本書。我不無好奇地想，她是否發現了兩座城市之間的隱祕關聯？

4

當火車沿著海岸線行駛，快要到達的里雅斯特時，我曾看到窗外有一座白色的城堡。那是奧地利大公馬克西米連——約瑟夫皇帝胞弟的城堡，名曰米拉馬雷。這是我在的里雅斯特最鍾愛的建築。

一八六四年，馬克西米連懷揣著皇帝夢，從這座城堡前的碼頭啟程。午後的光線下，海面一片波光，成群的海鷗在岩石和城堡間飛舞。馬克西米連要前往墨西哥，繼承那裡的皇位。這位熱愛航海的年輕人不會想到，這將是他人生的最後一次航行。一八六七年，親美的墨西哥共和黨人廢黜了他，之後他被行刑隊槍決。他的妻子夏洛特成了瘋子，被送回比利時，了此殘生。

這可能要算奧匈帝國之後一系列家庭悲劇的開端。魯道夫—約瑟夫皇帝和伊麗莎白的兒子，在維也納郊外的森林自殺。接著，伊麗莎白在日內瓦被一個瘋子捅死。最後，侄子斐迪南大公在塞拉耶佛遇刺。接連遭受打擊的約瑟夫皇帝挑起了一戰，他的復仇之火也燒毀了他的帝國。

所以的里雅斯特人說，每當他們看到米拉馬雷，都會感到一絲惆悵。它的美中有一種淒涼，有一種物是人非的宿命感，有一種時間安慰人時特有的孤獨。

午後，我沿著海岸線走向城堡，海水舔舐著堤岸，我感覺自己正走入一個夢境。易卜生當年穿越阿爾卑斯山黑暗的隧道後，突然看到這座屹立在海邊山崖上的城堡，讚嘆它的美「注定要在我此後的所有作品中留下印記」。

他做到了嗎？

城堡由奧地利建築師卡爾・容克設計，但風格無疑反映了馬克西米連本人的趣味。的里雅斯特的本土設計師弗蘭茨・霍夫曼承擔了內部裝潢，他和馬克西米連一樣，都對當時盛行的折衷主義風格十分推崇。

馬克西米連希望營造一種私密的氛圍，所以他把臥室設計成了船艙的樣子。作為奧匈帝國的海軍元帥，他曾在海上航行過兩年之久。我想，那一定是一段美好的日子，作為年輕的單身貴族四處遊歷，因此他的臥室也保留了某種單身漢的浪漫氣息。旁邊的書房則藏滿精裝書籍，擺放著巨大的地球儀，藍絲綢布幔垂在明亮的窗前，窗外是一望無際的大海。

我沿著樓梯上到二樓。客廳裝飾成東方風情，擺設著來自中國和日本的瓷器。另一間客廳裡掛著哈布斯堡家族的畫像，以及馬克西米連本人的油畫。房間的裝飾一如馬克西米連當年的設想——比維也納的皇宮簡單，但也更有人情味。

在離開的里雅斯特前往墨西哥時，城堡的內部裝潢還沒有全部完工。也就是說，馬克西米連和妻子還沒來得及享受這裡的一切就遠走他鄉了。二十世紀三〇年代，英年早逝的阿瑪迪奧公爵和他的家人也曾在這裡的一間套房居住過。他是義大利的貴族飛行員，一戰中與奧匈帝國戰鬥過。一九三七年，他被墨索里尼任命為埃塞俄比亞總督。五年後，他在肯尼亞的英國戰俘營死去。房間裡有他穿著飛行員夾克的照片，比後來那些開超跑的貴族少年帥氣得多。

有人去了更北的北方
有些事發生在遙不可及的年代

——韓東，〈友誼賓館〉

我腳下的木地板發出「吱吱」的聲響，我知道，那是十九世紀的回音。某種程度上，那也是最後的貴族時代。進入二十世紀以後，喧囂的革命風潮、殘酷的戰爭、無情的大清洗，席捲並摧毀了一切精巧和珍玩。人類幾乎是在一片貧瘠的沙漠上，重新嘗試學習尊嚴和教養。站在米拉馬雷城堡，我感到自己回到了「故鄉」，它美而卑微，卻撫慰人心。旅行如同一種尋找，尋找逝去的、遺忘的事物，從而告訴自己世界上曾經有過美的東西存在。

米拉馬雷城堡外是一座漂亮的植物園。馬克西米連大公也是一位業餘動植物學家。他把熱帶蝴蝶、蜂鳥和馬來西亞鸚鵡帶到了的里雅斯特。現在，它們的後裔在植物園裡繁衍生息。我在花園的小徑上，碰到一對奧地利夫婦，他們請我幫忙拍照。我在面向大海的露臺上給他們拍了一張，歸還相機時，我問他們為什麼會來的里雅斯特。

「你知道嗎？這裡曾經屬奧地利！」男人說：「還有匈牙利、羅馬尼亞、捷克，都曾經是奧地利的！」

我問他怎麼看待這段歷史。

「感謝上帝，一切都結束了！」他搖了搖頭，「那意味著太多責任，太多麻煩，奧地利人還是自顧自好一點。」

我告訴他，我剛從奧地利湖區旅行過來。

「那裡非常美，奧地利是個可以反覆去的地方，永遠不會感到厭煩。」

「那的里雅斯特呢？」

「這裡？」他眨著眼睛，「一次就夠了！」

5

我住在大運河畔的一家閣樓旅館，主人是一對四十歲左右的夫婦。丈夫馬里奧在政府工作，懷孕的妻子桑德拉在家打理客房。他們還有一個七、八歲的女兒和一隻黃貓。每天早上，黃貓總是悄悄潛入我的房間，跳到窗臺上瞭望。越過磚紅色的瓦片，可以看見城市正在檸檬色的陽光中鋪展開來。

我下樓和主人一起吃早餐。桑德拉挺著大肚子忙裡忙外，馬里奧穿著白襯衫坐在桌前。在義大利，女人主內的情況相當普遍，她們勤勞而有威信，有點像過去中國的情形。

馬里奧告訴我，他們是弗留利人。的里雅斯特方言是弗留利方言的一支，但是滲透了更多斯洛維尼亞語、德語甚至是匈牙利語的詞彙。弗留利方言並不屬於拉丁語，而是凱爾特語的一支，有著不同於義大利語的語法和拼寫規則。二戰結束後，包括哥里加在內的一部分弗留利領土一度劃歸給了南斯拉夫。至今，這仍是弗留利人心頭的一段傷痛回憶。

作為弗留利－威尼斯朱利亞大區的首府，的里雅斯特在冷戰時代卻因為一篇關於「鐵幕」的演說再度「成名」。

> 從波羅的海邊的什切青到亞得里亞海邊的的里雅斯特，一道橫貫歐洲大陸的鐵幕已經拉下。這張鐵幕後面坐落著所有中歐、東歐古老國家的首都——華沙、柏林、布拉格、維也納、布達佩斯、貝爾格勒、布加勒斯特和索菲亞。這些著名的都市和周圍的人口全都位於蘇聯勢力範圍之內，全都以這種或那種方式，不僅落入蘇聯影響之下，而且越來越強烈地為莫斯科所控制。
>
> ——邱吉爾，《和平砥柱》

當時，只有鐵托領導的南斯拉夫與蘇聯貌合神離。對於歐洲社會主義陣營的百姓來說，逃出鐵幕是無比艱難的，但進入南斯拉夫則相對容易。從南斯拉夫的邊境，可以相對輕鬆地抵達資本主義世界的「前哨」——的里雅斯特。

「我記得小時候，的里雅斯特的黑市橫行，最搶手的商品是T恤和牛仔褲，」馬里奧說：「當然，人們也把更值錢的外匯、黃金、電器帶到邊境的另一邊。」

歐洲的社會主義陣營崩潰後，有過幾年的「真空期」。的里雅斯特的黑市發展壯大成合法的巴爾幹市場。匈牙利人、捷克斯洛伐克人、羅馬尼亞人、保加利亞人和南斯拉夫人蜂擁而至，搶購電水壺、電視機、衣服等日用品。每天傍晚，長途汽車站都堆滿編織袋和等待回家的人。

「那時候，大家都說的里雅斯特會重新成為這一地區的中心，就像奧匈帝國時期一樣，」馬里奧說：「但很快那些國家也開始實行資本主義，那些人在自己國家裡也能買到日用品了。」

巴爾幹市場的人越來越少，最後關門大吉。又一次，因為歷史的風雲際會，的里雅斯特先被寵幸，又遭拋棄。

「可能這就是我想來的里雅斯特的原因，」我安慰馬里奧：「它的歷史感和那些曲折的故事。」

「我們也對這裡的歷史驕傲。」馬里奧微笑著。

吃過早餐後，我和馬里奧一起下樓。他開著一輛 Mini Cooper 上班去了，而我沿著運河一直走。我經過咖啡館和塞爾維亞教堂，經過一家魚仔店，裡面正販賣剛剛打撈上來的海鮮——這的確是一座海濱城市！

我經過羅西尼大道上的博物館，進去看了威爾第、普契尼的手稿，然後繼續沿著石板路往小山上走。我走過古羅馬時期的殘垣斷壁，經過一座教堂。教堂裡在舉行儀式，人們穿戴整齊地魚貫而入。教堂門口，志願團體正提供免費咖啡。

我迷路了，但是並不感到慌張。的里雅斯特不大，而在這樣的上午無所事事地走走，是一件愜意的事。太陽高高掛在天上，雖然有風，但是並不太冷。我一直走到山下，走進餐廳林立的商業區。我看到一家掛著「Buffet」牌子的餐廳——那是奧匈帝國留下的「遺跡」之一。

這家餐廳有點像北京的老字號，有一種油乎乎的古老感。櫃檯裡擺著各種香腸、煮肉、內臟，還有碩大的啤酒桶。我要了一份內臟、一份酸菜、兩片麵包，又要了一杯二百五十毫升的啤酒。出乎我的意料，這裡不算便宜，而且就像日本的立吞酒館，如果你不想站著吃而是坐下來，還需另交費用。

夥計和切肉師傅都戴著白帽，像又高又壯的德國人，但講義大利語。這家餐廳給人的感覺就像那種在殖民地長大的白人孤兒，長著西方的容貌，卻講一口當地話。

我小口呷著酒，想找到一些不同尋常之處。一個大媽進來要了一杯啤酒，然後坐下來拿出帳本記帳。這裡肉香撲鼻，並不適合嚴肅工作，可她似乎不為所動。接著，進來兩個美國年輕人。聽說坐下來要收費，他們點了兩份打包帶走了。這時，一個八十來歲的老太太顫巍巍地走了進來。夥計和她打了個招呼，熱火朝天地聊起來，顯然是熟客。

「我今天沒什麼食欲，」老太太莊嚴宣佈：「和平時一樣，但是少來一點。」

「沒問題。」

可過了一會兒，夥計卻端上一個由煮肉、香腸、內臟組成的大拼盤和一大杯啤酒。和這位胃口不好的老太太相比，我頓時相形見絀了。

「尿！」夥計突然跟我打招呼，他的意思是說「你好」。

「尿！」我回答。

「這是傳統的里雅斯特食物，喜歡嗎？」他指著我的盤子。

「不錯，儘管胃口沒這位太太好。」

「這位太太啊，在的里雅斯特長大的，來這裡用餐有七十年了。」夥計以一種近乎平淡的口吻説。

「七十年？」

「是的，不過和我們店的歷史比，七十年不算什麼。」夥計的嘴角露出一絲微笑，

「我們是一八九七年開張的，每週營業六天，星期天休息——主人當年定下的規矩。除了

一九一四年到一九一八年因為戰爭關過門，其餘時間一直這麼營業，直到今天。」

「這位太太從小就來？」

「小時候和父母一起，然後和她先生，」夥計說：「去年她先生去世了——一位非常好的紳士。」

「你是這家店的主人吧？」

「不，」夥計的嘴角又露出一絲微笑，這次略帶神祕，「我只是在這裡打工。」

正午的光線從明亮的窗子射進來，我看著那位老太太埋首肉間，刀叉靈動，不時抬起頭，喝上一口啤酒。另一側的大媽，兀自翻著帳本，啤酒幾乎沒動。坐在她們之間，我覺得自己像個「入侵者」，就像在一家滷煮店，你發現有個外國人正大口吃著豬腸。我想著這家店的歷史，算著有多少人在這裡用過餐。食物的生命力似乎遠大於一切政治，儘管窗外的世界早已變遷。

6

的里雅斯特已經習慣了變遷。一百年來，這裡發生過多少故事？

記得一次旅行中，遇到一位美國小鎮的哥們。他說，他們小鎮一百年來最大的變化是倒了一根電線杆，然後又豎了一根新的。他說話帶著濃重的南方鄉村口音，而且談話中肆無忌憚地放屁。我覺得他是一個由於生活過於平靜而喪失了敏感度的人。他不在乎和誰說話，也不在乎說話時的禮儀，因為他生活的地方出門就能聞見牛糞，開車半小時都見不到人。

而我出生在一個巨變中的國度，成長階段所熟悉的一切都已物是人非。我不得不接受或大或小的變遷，並且樂於像幽靈一樣在廢墟間遊蕩。這片廣袤的歐洲腹地——這本書寫到的所有地方，為我這樣的幽靈提供了遊蕩之所。我不時唏噓於它們的變化，同時也試圖發現那些被時光留下的永恆之物。

世界模糊的悲傷，也請允許我模糊。

——曼德爾施塔姆，〈沉悶、潮濕、雷聲滾滾的空氣〉

在的里雅斯特的最後一晚，我去聖馬可咖啡館喝酒。那裡曾是喬伊斯以及後來一眾文人雅士的聚會之所。的里雅斯特當代作家克勞迪奧．馬格里斯在《微型世界》一書中曾為聖馬可咖啡館立傳。這裡是的里雅斯特的精神象徵，或許也是離開前消磨時光的最佳去處。

我點了一杯 Aperol Spritz 雞尾酒，賣酒的小女子說，這是的里雅斯特當地最流行的飲料。

「可能也是整個義大利最流行的。」她打著手勢補充說。

「它是怎麼調製的？」

「阿佩羅利口酒和普洛塞克氣泡酒，加冰。」

「普洛塞克，那個村子，好像離這裡不遠吧？」

「離的里雅斯特幾公里。」

環顧四周，我發現咖啡館已經座無虛席，幾乎所有女孩手中都有一杯 Aperol Spritz。儘管枝形吊燈依然明亮，笨重的桌椅充滿帝國風情，可這裡顯然已不再是喬伊斯當年牛飲的地方。克勞迪奧．馬格利斯為它立傳，某種程度上也是為他所鍾愛的時代寫下輓歌。

我知道我的旅行即將結束。第二天上午，我打算租一輛飛雅特五百。我會開著它穿過威尼斯，穿過托斯卡納，翻越亞平寧山，然後沿著海岸線一直開到羅馬。這大概還要花費兩天兩夜的時間。可不知為什麼，我卻總有一種感覺：就在此刻，就在這裡，旅行已經結束了。

我點了一瓶普洛塞克，看著身邊年輕的女子、打著領帶的老人、留著古怪髮型的男子、複習功課的學生，還有一個在本子上寫寫畫畫的中年男人——我猜他可能是作家。我看著他們，喝著酒，然後又要了一瓶。

「為什麼會來的里雅斯特？」上酒時，賣酒的女子問。

「想考慮一下自己以後想去哪裡，想做什麼，」我說：「在未來很長一段時間。」

「想出來了嗎？」

「還沒。」

她點點頭。

「那祝你喝完這杯就想出來。」

「但願如此。」

可是，喝完這杯，又喝了一杯，我依然沒有答案。大腦彷彿黑洞一般，充滿沒有交集的圓環。我有點懷念當年的的里雅斯特，可那和我又有什麼關係？我依然需要活在此時此地。除此之外，別無選擇。

我買了單，走出門，雙手插在大衣口袋裡。濕冷的海風突然迎面而來，像女子涼薄的嘴唇。我沿著大街往回走，想著喬伊斯，想著理查．伯頓，想著里爾克和佛洛伊德。他們當年各自走回自己公寓的時候，是否想出了什麼？

我不知道。走了一會兒，似乎也忘了想知道什麼。

我就這麼沿著大街一直走向港口。

後記

在旅行和寫作中確認自我

很榮幸《午夜降臨前抵達》在臺灣出版了。我想藉此機會談談這本書和這些年的寫作。二〇一九年夏天，我去瑞士伯爾尼參加全球「真實故事獎」（True Story Award）頒獎典禮。那是《午夜降臨前抵達》出版後，我第一次回到中歐。

我提交的是一篇關於烏茲別克斯坦的旅行文學。我沒去想它會不會得獎，也並不真的在意。光是主辦方為我提供了往返歐洲的旅費就夠令我感激了。當時我剛寫完《失落的衛星》，整個人身心俱疲。我想藉機在歐洲重遊一番，徹底放鬆自己。

美國作家保羅．鮑爾斯將旅行文學的寫作者分為兩種：寫東西的旅行者（a traveller who writes）和去旅行的作家（a writer who travels）。前者興之所至，後者則有更高的文學追求。我暗自希望自己成為後者：從廣闊的世界汲取經驗，用文學的方式加以呈現，在旅行和寫作中確認自我。

我對旅行文學這一文體的探索是從《午夜降臨前抵達》開始的。在此之前，我只寫過一些短章，大多是為雜誌寫的旅行隨筆，但從來沒寫過書。

我很早就確定自己想成為作家，但從何處起步一直是個難題。最初寫作時，我想寫的主要是小說——我認為虛構是一種更為高貴的勞作。但好的虛構作品更多源於自省，源於直接的個人經驗，而我的成長經歷非常簡單。我感到，它能提供給我的素材，不足以支撐我的抱負。寫《午夜降臨前抵達》之前的幾年，我陷入了迷茫。我認為自己掌握了一些寫作技巧，卻找不到與之匹配的主題。

二〇一二年夏天，我拿到了德國博世基金會的獎學金，在歐洲待了一段時間。

我一邊在中歐旅行，一邊有意識地做筆記。我隨身攜帶筆記本，遇到什麼就掏出來。每天晚上，我也會在小旅館的檯燈下寫日記。

我並沒有考慮寫書的事情。我沉浸在歐洲大陸帶來的興奮感裡。那是我一生中最快樂的時光之一：無憂無慮地行走，邂逅各種各樣的人，嘗試分析看到的一切事物。

那時，中國旅行者更喜歡去經濟發達的西歐旅行，對德國以東的大片區域基本視而不見。即便在歐洲內部也存在這樣的偏見：人們認為中東歐地區落後保守，殘留著鐵幕時代的遺毒。不過，我在旅行中看到的卻是一個豐富多彩、充滿獨特魅力的世界，甚至比我在西歐旅行時看到的更為親切。

從歐洲回國後，我在家裡度過了時差顛倒的幾天。去歐洲前，我辭去了上一份工作，但沒告訴家人。我不得不偶爾打著採訪的旗號到外面轉一圈。但大部分時間，我坐在書桌前，窗外跳蕩著帝都明媚的秋日——我快要二十八歲了，既沒有女朋友，也沒有工作。我也不知道自己能寫什麼。

多半是為了逃避沮喪，我開始翻閱中歐的筆記。記憶突然照亮了我。我的思緒又被拉回陰雨綿綿的柏林，拉回結束《圖片報》的工作，即將開始獨自漫遊的午後。我很快寫下了開篇的第一個句子：「我離開柏林那天，下著小雨，天空陰沉得像一塊陳舊的大理石。」——然後，敘述從這裡迅速展開。

回想起來，「夏」章一直是在近乎愉悅的狀態下寫就的。從小酒館到爵士樂酒吧，從戰爭廢墟到共產遺跡……紛繁的舊世界彷彿向我打開了一扇扇大門。帶來更多觸動的是那些旅途中遇到的人：他們的故事和思索，他們的語氣和表情，乃至周圍光線的細微變化，街上一輛汽車駛過時留下的音樂細流……我突然找到了尋覓已久的主題：旅程。

我希望用文字再現旅程，我希望帶領讀者進入一種「雙重敘事」：一個是作為敘述者的「我」，另一個是更龐大的外部世界：通過「我」呈現世界的面貌，而世界亦在潛移默化中影響「我」。從這個意義上講，《午夜降臨前抵達》比我的後兩本書更具私人性。

我用兩個月的時間寫完「夏」章，覺得可以把它擴展成一本書，但我掌握的素材還遠遠不夠。隨後的兩年，我多次重返歐洲，用不同的方式，探索不同的線路。某種程度上，《午夜降臨前抵達》幫我確立了日後的工作方法：有目的地旅行、閱讀、尋找素材、日復一日地寫作。它也教會了我對作家來說更重要的品質：保持耐心、享受孤獨。

旅行讓我看到了一個更廣闊的世界，而寫作讓我發現大量的世界經驗還鮮有中文嚴肅表達。原因不難理解：很長一段時間，我們都是那個世界的「局外人」。寫《午夜降臨前抵達》時，我漸漸意識到中文旅行寫作的意義：去表達那些未經中文表達的世界經驗。

相比「夏」章，「冬」章的氣氛更加沉鬱：宗教、移民、全球化帶來的撕扯和傷痕已經初見端倪。「幽靈不曾遠去，它就在不遠處徘徊……總有一天，將以不可遏止的勢頭捲土重來。」——今天看來，書中的這句話不幸變得更為切題。

二〇一九年夏天，那篇關於烏茲別克斯坦的文章最終獲評「特別關注作品」。頒獎典禮結束後，我獨自走回酒店。天空低垂，夏日空氣中有松樹的清香。街燈飄浮在我的頭頂，彷彿天空在微微發光。時間已近午夜，我的思緒又回到過去，抵達那個大理石般的午後。

二〇二四年八月三十日

伊朗，薩南達季

旅行說到底是一次改頭換面、重新做人的機會。

——劉子超

文學森林 LF0192

午夜降臨前抵達：中歐文化漫遊

A Central European Odyssey

作者
劉子超

一九八四年出生。作家、資深媒體人。北京大學中文系畢業，牛津大學路透新聞研究所客座研究員。曾任職《南方人物週刊》、《GQ》中文版、《ACROSS 穿越》媒體。

作品曾獲劉麗安詩歌獎、「螞蜂窩」年度旅行家。出版過《沿着季風的方向：從印度到東南亞的旅程》、《午夜降臨前抵達》以及《失落的衛星》。其中《午夜降臨前抵達》曾獲「單向街書店文學獎」年度旅行寫作。另有譯作《流動的饗宴》《漫長的告別》等。

二〇一八年中亞的寫作計畫獲單向街「水手計畫」贊助。二〇一九年長篇散文〈烏茲別克斯坦：尋找中亞失落之心〉一文被翻譯成英文，獲得瑞士全球真實故事獎（True Story Award）頒發特別關注獎。

封面設計　蔡佳豪
地圖繪製　陳慕陽
內頁排版　呂昀禾
責任編輯　陳彥廷
編輯協力　蕭佳傑
版權負責　李家騏
行銷企劃　黃蕾玲
主　　編　詹修蘋
副總編輯　梁心愉
初版一刷　二〇二四年九月三十日
定價　新台幣三八〇元

ThinKingDom 新經典文化
出版　新經典圖文傳播有限公司
發行人　葉美瑤
10045臺北市中正區重慶南路一段五十七號十一樓之四
電話　02-2331-1830　傳真　02-2331-1831
讀者服務信箱　thinkingdomtw@gmail.com
FB粉絲專頁　https://www.facebook.com/thinkingdom/

總經銷　高寶書版集團
11493臺北市內湖區洲子街八八號三樓
電話　02-2799-2788　傳真　02-2799-0909
海外總經銷　時報文化出版企業股份有限公司
333桃園市龜山區萬壽路二段三五一號
電話　02-2306-6842　傳真　02-2304-9301

午夜降臨前抵達：中歐文化漫遊 / 劉子超著. -- 初版.
-- 臺北市：新經典圖文傳播有限公司, 2024.09
面；　公分
ISBN 978-626-7421-42-0(平裝)

1.CST: 遊記 2.CST: 旅遊文學 3.CST: 歐洲

740.9　　113011280